선 넘는 거,

제멋대로 선을 넘나드는
사람들과 안전거리 지키는 법

글·그림 봄쏙 × 서제학

습관이시죠?

일러두기

일부 비속어나 표준어가 아닌 단어는 저자 고유의 문체를
살리기 위해 그대로 두었습니다.

함께 들으면 좋은 OST

장기하와 얼굴들 - 그건 니 생각이고

도로라는 길 위에 '교통사고'가 있듯

삶이라는 길 위엔 '고통사고'가 있다.

프롤로그

"부우우웅!"

어느 날, 횡단보도에 서서 신호를 기다리고 있는데, 빠르지도 느리지도 않은 속도로 자동차 한 대가 달려왔다. 짧은 순간이었지만 머릿속엔 오만 가지 생각이 스쳐 갔다.

'저기에 살짝 치이면 많이 아플까?'
'핸드폰은 써야 하니까 왼손이 좋겠다. 아니면 발가락?'
'이왕이면 외제차가 나으려나?'

하지만 과격한 상상과는 달리 나는 안전선 훨씬 안쪽에 다소곳이 서 있는 채였다. 결국 멀어져 가는 차의 뒷모습을 보며 안도와 속상함이 뒤섞인 한숨을 내쉬었다. 잠시 후 신호등에 초록불이 들어왔고, 내 표정은 빨간불이 들어온 것처럼 잔뜩 구겨졌다. 여느 때와 같이 힘든 출근길이었다.

'살짝 다치더라도 하루만 쉬었으면 좋겠다'라고 생각해 본 사람은 비단 직장인들뿐만이 아닐 것이다. 나 역시 학창 시절 고작 중간고사를 앞두고도 비슷한 상상을 했었으니, 교통사고 공갈단 새싹으로 자라지 않게 해주신 부모님의 바른 교육에 새삼 감사한 마음이 든다.
어찌 되었든 내 삐뚤어진 염원이 미세 먼지 덕에 하늘에 잘못 닿았는지, 야근 후 택시에 실려 가듯 퇴근하던 나는 어느 날 중앙선을 넘어온 차량에 전치 2주의 입원 신세를 지게 되었다. 내 인생 총 다섯 번의 교통사고 중 하나였다.

입원 당일 회사 단톡방에 상황을 얘기했고, 바로 걸려온 전화에 끙끙대며 수신버튼을 눌렀다. 괜찮은지를 묻는 안부 대신, 첫마디부터 "정말로 입원한 거 맞아? 그래도 내가 시킨 일은 해야 돼!"라고 말하는 회사 P 차장의 온정 덕에 나는 그날 열이 38.9도까지 오르는 기록을 세울 수 있었다. 충돌사고의 후유증인지 P 차장의 전화 덕인지 '인생 참 고통스럽다'고 생각하며 몸서리치던 중, 문득 깨달은 바가 있었다.

"아, 도로 위에만 '교통사고'가 있는 게 아니라, 우리 삶에도 선을 넘는 사람들로 인한 '고통사고'가 있구나!"

우리의 인생은 고통의 연속이다. 의지와 상관없이 매일 아침 힘겹게 눈을 떠야 하고, 능력과는 상관없이 어딘가에 소속되어 남의 일을 해줘야 하고, 수입과 상관없이 눈치 없는 위장은 밥을 달라고 아우성이다. 이 정도뿐이라면 어떻게든 버텨 보겠지만, 알다시피 고통의 정수는 자연재해가 아닌 '인재人災'가 대부분이다. 남을 깎아내림으로써 자존감을 찾는 사람, 그냥 이유 없이 시비를 거는 사람, 호의를 권리로 생각하는 사람, 거짓말하고 뒤통수치는 사람 등……. 이런 사고 유발자들이 만들어내는 고통사고를 곱씹어보면, 교통사고와 유사한 점들이 발견된다. 내가 정리해 본 두 사고의 공통점들은 아래와 같다.

도로 위 교통사고와 삶의 고통사고의 공통점

- 누구든 선을 넘으면 사고가 발생할 수 있다.
- 나 혼자 조심한다고 사고가 안 생기는 것은 아니다.
- 정신 바짝 차리지 않으면 억울한 일을 당할 수 있다.
- 가해자에 대한 처벌이 생각보다 약하다.
- 경력이 더 길다고 더 뛰어난 것은 아니다.
- 양보하고 배려하면 더 우습게 볼 때가 있다.
- 몇몇 얌체 같은 놈들이 목적지에 더 빨리 도착한다.
- 음주 운전자처럼 상식이 아예 안 통하는 또라이들이 있다.
- 한 사람의 실수가 다중 추돌로 이어지는 경우가 있다.
- 분명 시키는 대로 갔는데, 경로를 이탈했다며 돌아가라는 경우가 있다.
- 상대가 100% 잘못해도 쌍방 과실이 될 수 있다.
- 평소보다 욕을 많이 하게 되지만, 상대에게 들리게는 하지 않는다.

여기까지 읽었다면 눈치챘겠지만, 이 책은 가슴 뭉클한 위로를 전하거나 실무적인 도움을 주거나 읽기만 하면 자존감이 올라가 "난 할 수 있다!"는 없던 의지가 샘솟는 유의 것은 아니다.

만약 이 책을 통해 심적인 위안을 받거나 힘이 난다면 아까 마신 카페인 덕일 가능성이 크고, 혹은 곧 주말이거나 택배를 기다리는 중일 것이다. 그래도 커피 석 잔 값으로 얻어갈 수 있는 게 있다면, 삶이라는 길 위에서 겪는 예상치 못한 '고통사고'의 보험처리 노하우다.

나는 10여 년간의 직장 생활에서 다양한 유형으로 선을 넘는 고통사고 유발자들을 만났고, 그로 인해 만성 스트레스와 우울증 증상도 겪었다. 때론 능숙하지 못한 대응으로 더 큰 손해를 본 적도 많았고, 가해자의 강압적인 비난과 책임 전가에 이미 상처 입은 자신을 더 자책하기도 했었다. 결국 100원짜리 동전 크기의 스트레스성 탈모까지 생겼다.

하지만 머리카락…… 아니, 삶의 운전대를 꽉

잡고 하나씩 꿋꿋하게 처리하다 보니, 고통사고 유발자들의 호들갑은 지금 내 마음에 별다른 상흔을 남기지 않았을 만큼 별일이 아니었다. 스스로를 책망했던 것만큼 오롯이 나만의 잘못이었던 경우도 없었다. 그리고 과거의 잘못된 선택은 그 선택을 더 나은 것으로 만들기 위해 현재를 살아내면 되는 일이었다.

비록 내가 공인된 보험설계사는 아니지만, 지금껏 체득한 나름의 노하우로 습관적으로 선을 넘는 고통사고 유발자들에게서 나의 몸과 마음을 지켜내기 위한 고통사고 야매 대처법을 공유해 보고자 한다.

더불어 내 안의 걱정과 불안, 후회와 조바심이 나와 사랑하는 이들의 행복을 침범하지 않도록 마음의 선을 지키는 방법도 다뤄볼 것이다. 단 한 사람이라도 이 책을 통해 고통사고의 예방 및 보험 처리에 도움을 받는다면, 째깍째

깍 건조하게 맞물려 도는 나의 직가(직장인+작가)생활에도 보람 있는 윤활유가 될 것이다.

자, 그럼 자기만의 내비게이션을 찍고 잘 따라오시길. 출바알!

Contents

프롤로그 · 6

PART 1

고통사고도 보험처리가 되나요? · 20
쿠크다스 멘탈 · 26
힘들어 죽겠다? · 32
유체 이탈이 필요한 날 · 35
자신감과 자존감의 경계 · 40
칭찬은 새우도 춤추게 한다 · 45
평가의 가치 · 50
경력과 능력의 상관관계 · 53
누구에게나 처음은 있다 · 58

누구에게나 사고는 일어날 수 있으니까

나를 지키기 위한 최선의 방어

PART 2
피해, 피하라고! · 68
예의 없는 자들을 위한 예의 · 75
선의를 빌려주지 마라 · 80
또라이 백신 도입 시급 · 86
클랙슨이 필요한 순간 · 92
인간 코스프레 · 97
을질주의보 · 102
이(놈) 또한 지나가리라 · 109
양치기 직장인 · 114

변화는 작은 것에서부터 시작되니까

PART 3
방향제 솔루션 · 122
의지박약인의 마음가짐 · 128
비흡연자의 대처법 · 132
행복의 알고리즘 · 137
포기를 아는 남자 · 143
마음가짐의 묘미 · 148
당근이세요? · 155
오늘의 특별 보상 · 160
과정 없는 결과는 없어 · 164

모두가 같은 속도로 달릴 필요는 없어

PART 4

행복이 뭐 별건가 · 172

아웃스타그램 · 178

벼는 익을수록 고개를 든다 · 183

내 몸에 맞는 옷 · 186

인생은 속도가 아닌 거리 · 191

우리 다음 신호에서 만나자 · 196

'High Risk' or 'No Risk' · 201

꼰대의 기준 · 205

백발의 키다리 아저씨 · 210

가끔은 적절한 브레이크도 필요한 법

PART 5
쉴까, 말까 할 땐 · 220
가장 부질없는 것 · 224
오늘은 분리수거하는 날 · 229
추진력을 얻기 위함 · 235
빨강 머리 맨 · 239
뭣이 중헌디 · 246
완벽한 무계획 · 251
세잎클로버와 네잎클로버 · 257
우리의 시간은 소중하니까 · 262

엔딩크레딧 · 268

누구에게나 사고는 일어날 수 있으니까

고통사고도 보험처리가 되나요?

"어? 어? 어!"

쿵! 순식간이었다. 좁은 길에서 마주 오던 차량이 멈춰있던 내 차와 가까워지는가 싶더니 묵직한 충격이 가해졌다. '왜 계속 이쪽으로 오지?'라는 생각과 동시에 일어난 접촉 사고였다. 면허를 딴 지 3개월밖에 되지 않았던 터라 특히나 더 조심하며 방어 운전을 했는데, 어이없게도 아파트 단지 내에서 첫 교통사고를 겪게 된 것이다.

생애 첫 교통사고의 충격에 잠시 나가 있던 내 정신을 불러들인 건 상대 차량 운전자의 짜증 섞인 목소리였다. "아니, 이 좁은 길에 가만히 서 있으면 어떡해! 더 바짝 옆으로 붙였어야지!" 유튜브 채널 〈한문철 TV〉 애청자로서 판단했을 때, 10:0으로 내 잘못은 아닌 것 같았다.

하지만 "무사고 운전경력 30년"을 운운하며 확신에 차 비난을 퍼붓는 상대방의 말에 되레 '내가 잘못한 건가?' 싶어졌다. 나는 막 수면 내시경을 마친 금붕어처럼 뻐끔거리다 결국 죄송하다며 사과를 해버렸고, 상대 가해자는 "피차 큰 기스 없으니 그냥 넘어갑시다!"라며 그 자리를 유유히 떠나버렸다.

요즘 같으면 "쿵!" 하기도 전에 뒷목에 손부터 얹고 '합의금으로 뭘 살까?' 하며 상상 속 장바구니를 가득 채울 터인데, 그때의 나는 너무 순진했고, 상대보다는 나 자신을 자책하는 게 더 쉬운 길이라고 잘못 생각했다.

삶에서도 이런 억울한 교통사고 같은 일들이 많이 일어난다. 잘못은 남이 했지만 사과는 내가 하고, 지시는 상사가 했지만 책임은 내가 지고, 믿은 건 나지만 상처는 내가 받는, 그런 일들 말이다. '다들 그렇게 산다'는 이해할 수 없는 일반화, 합리화에 의한 억울함까지 추가되어 내가 받는 고통은 2배 아니, 3배가 되는 이른바 '고통사고'를 당하게 된다.

고통사고는 누구에게나 일어난다. 집 밖에 일절 나가지 않고 배민과 요기요 VVIP로 생활하며 사회와 단절한다면 모를까. 사람과 사람이 관계를 형성하고, 일상적인 사회생활을 한다면 우리 모두는 고통사고에 노출되기 마련이다.

이때 꼭 알아야 할 것은 마치 내가 처음 겪었던 교통사고처럼 피해자가 오히려 자신을 의심하고 자책하는 일만큼은 없어야 한다는 것이다. 가해자인 '고통사고 유발자'들은 피해자의 그런 심리를 교묘하게 파고들어 책임을 전가하고 가스라이팅 하는 데 타고난 귀재들이기 때문이다.

고통사고에 대해 잘 알고 피할 수 있다면 무조건 피하는 게 베스트이고, 만약 어쩔 수 없이 당하게 되더라도 자신만의 기준을 세워 사고 뒤처리를 할 줄 알아야 한다.

1. 나에 대한 비난이나 평가의 가치는 상대의 직급이나 연령의 고하 여부에 달린 것이 아님을 명심할 것.
2. 많은 이들이 나의 능력을 의심하고 인정하지 않더라도 나만은 끝까지 나 자신을 믿고 지지할 것.
3. 행복의 기준을 남의 시선이 아닌 내 안에서부터 찾는 연습을 할 것.

아마도 고통사고 유발자들은 자신에게 잘못이 있다고 생각하지 않을 것이고, 본인이 선을 넘는다는 자각조차 없을 터이니, 이 책을 읽고 있을 리 없다고 생각하고 얘기하겠다.

나를 포함한 우리 모두는 매일같이 각자의 억울하고 힘겨운 고통사고를 겪고 있다. 하지만 우리는 이미 알고 있다. 내가 절대적으로 능력이 부족하거나 인생을 잘못 살아서 겪는 사고가 결코 아님을. 대부분은 가만히 있는 나에게 달려와 박는 고통사고 유발자들이 원인이며, 그렇기에 더더욱 그들이 우리에게 전가하는 책임을 쉽게 인정해서는 안

되다. 그리고 정말 자신의 실책이라고 생각이 되는 부분은 남이 아닌 내 스스로의 의지로 고쳐나가면 된다. 그러니 남들이 뭐라 하든 고통사고로 힘들어하는 나 자신에게 큰 소리로 말해주자.

"보험처리 다 되니까, 기죽지 말자!"

누구에게나 일어나니까,
명확한 대처가 필요해!

쿠크다스 멘탈

"안녕하세요. 저는 심각한 쿠크다스 멘탈의 소유자입니다."

SNS 채널 〈회의하는회사원〉에서 직장인들의 고민 사연을 받았던 적이 있는데, 유독 기억에 남았던 이야기가 있다. 본인을 '쿠크다스 멘탈'이라고 소개한 회사원 K의 사연이었다.

저는 5년 차 직장인인데, 천성적으로 순하고 마찰을 싫어해서 남의 부탁은 거의 잘 들어주는 편이에요. 남에게 싫은 소리는 못 하고, 듣는 건 더 못합니다. 약하디약한 쿠크다스 멘탈이라, 혼나고 나면 화장실로 가서 운 적도 여러 번

있어요. 그런데 새로 온 팀장님이 앞으로 책임지고 저를 강한 멘탈로 바꿔 주시겠다며 일부러 같은 얘기도 더 기분 나쁘게 하고, 업무도 난이도 있는 것 위주로 부여하셨어요. 후임이 무언가 잘못하면 본인이 얘기하는 대신 제게 혼을 내라 강요하시기도 했고요. 난색을 보이는 제게 '나중에 고마워할 것'이라며 다 저를 위한 '특훈'이라 하셨어요.

너무 힘이 들어서 요즘 화장실에서 더 자주 우는데, 정말 이렇게 훈련하면 정신력이 강해지고, 더 나은 사람이 될 수 있을까요?

이 사연을 읽고 나와 아내는 오랜 시간 이야기를 나눴고, 고심 끝에 회사원 K에게 회신한 답은 "절대 아닙니다!"였다.

해당 팀장은 이미 회사원 K의 순한 성향을 '잘못된 것'으로 단정해 버리고, 교체 대상으로 삼았다. 팀에 새로 부임해 아직 사연을 보내준 분을 깊이 파악하지 못했을 것으로 예상되는데, 그런 식으로 본인만의 방법을 강요하다니. 지나친 자만심이자 편협한 사고방식이었다. 거기다 자신의 목적을 달성하겠다는 명목으로 기분 나쁜 말을 건네고, 어려운 일만 시킨다? 그야말로 가학의 영역으로 보인다. 말로는 회사원 K를 위한다고 했지만, 결국 팀장은 자신만의 기준과 방법을 강요하여 본인이 대하기 편한, 일을 시키기 좋은 팀원으로 개조하려 한 것뿐이다. 흔히들 사람은 바뀌지 않는다고 이야기하는데, 이미 수십 년을 그런 성격으로 살아온 사람을 단기간에 억지로 바꾸겠다는 것 또한 '잘못되었다'라고 말할 수 있다.

여린 멘탈은 반복적으로 자극하고 충격을 주어 쇠 담금질하듯 단단하게 만들어야 하는 것이 아니다. 사연을 보내준 회사원 K와 같이 착하고 여린 심성의 사람이라면, 오히려 본인의 배려와 선의가 상대방에게 당연하게 받아들여지지 않도록 응대하는 노하우를 익히는 게 중차대한 과제다. 부탁을 들어줄 때 스스로도 손해 보지 않고 상대에게도 서운하게 느껴지지 않도록 대처하는 법을 깨닫는 게 팀장의 궤변보다 의미 있는 일일 것이다.

누구에게나 사고는 일어날 수 있으니까

또한 상대의 말에 덜 상처 입기 위해서는, 상대의 말이 막말인지 조언인지 스스로 판단할 수 있는 필터링 기준을 세우는 게 중요할 것이다. 독한 말을 계속 들어 귀에 굳은살을 만드는 것은 더욱 본인의 내면에 상처를 줄 뿐이다. 막말이라면 "개가 짖나?" 하고 한 귀로 흘리고, 조언이라면 귀담아듣고 도움을 받을 수 있으니 마음에 생채기가 나는 일도 줄어들 것이다.

결국 쿠크다스 멘탈에는 그에 맞는 유연한 대처법이 있고, 상대뿐 아니라 나를 더 상처 입히지 않고 나답게 살아가는 방법을 익혀 가면 된다. 그러다 보면 멘탈이 강철처럼 강해진다기보다는 경험에 의해 덜 상처받는, 상처받더라도 금방 회복할 수 있는 유연한 정신력을 가질 수 있게 된다.

참고로 나는 쿠크다스 과자를 참 좋아한다. 입 안에서 사르르, 부드럽게 녹으면서 달콤한 맛이 일품이기 때문이다. 쿠크다스 멘탈을 가졌다는 회사원 K 역시 그런 부드럽고 스윗한 심성의 소유자이기에 이미 충분히 매력적인 사람이 아닐까 싶다. 쿠크다스는 쿠크다스 그대로 사랑받으면 그만이다.

누구에게나 사고는 일어날 수 있으니까

바꿀 필요 없어,
널 좋아하는 사람도 이렇게 많은걸?

힘들어 죽겠다?

현대인들이 하루 중 가장 많이 내뱉는 혼잣말 순위를 정한다면, 분명히 TOP 3 안에 "힘들어 죽겠다"가 들어갈 것이다. 나만 해도 퇴근 전까지 못해도 여덟 번은 중얼거리는 듯하다. 그중 한 번은 팀장이 들었을 것 같아 걱정되지만, 들으라고 한 것도 30%쯤 있으니 괜찮다.

혹자는 이런 말이 부정적이라며 최대한 입 밖으로 내지 말라 당부하지만, 나는 이 "힘들어 죽겠다"는 말이야말로 가장 긍정적인 의지 표명의 구호라고 생각한다. 생각해 보면 오늘 나에게 '진짜 힘이 들어서 죽을 정도의 일'은 벌어지지 않았다. 물론 극도로 스트레스를 받는 날도 종종 있고, 과로 사라는 현상이 현실에서도 벌어지기는 한다. 하지만 나처럼 퇴근 후 4개에 만 원 하는 맥주를 12캔씩 사서 들고 올 힘이 있거나, 자기 전 넷플릭스에서 뭘 볼지 40분 동안 고민만 할 정도의 정신력이 남아 있다면, 다행히도 진짜 힘들어서 죽을 걱정은 없을 것 같다.

그렇다면 우리가 내뱉는 "힘들어 죽겠다"는 얘기는 죽기 싫으니 하던 일을 그만두겠다는 포기의 표현이 아니라, 이 상황이 힘들지만 이 일을 계속해내야 한다는 강한 의지의 표명으로 볼 수 있을 것이다. "힘들어도 죽지 않겠다"는 의지 말이다. 정말 생명의 위협을 느낀다면 굳이 저런 대사 없이 조용히 때려치우면 되기 때문이다.

우리 삶은 비디오 게임 속 레벨 시스템과 닮았다. 주인공이 고비를 넘기며 더 힘들고 강한 적을 처치할수록 얻게 되는 경험치는 커지고, 그렇게 레벨이 높아지면 처음엔 애를 먹던 적들도 나중에는 한방에 물리칠 수 있을 정도로 성장하게 된다. 물론 '현질 템빨'도 무시할 수는 없지만, 그래도 기본적으로 고난과 레벨은 비례한다. 만약 주인공이 예쁜 그래픽의 경치만 보러 다니거나 게임 속 마을 사람들과의 평화로운 잡담에만 시간을 쓴다면, 그의 삶은 힘들지는 않겠지만 언제까지고 낮은 레벨에 머무를 수밖에 없을 것이다.

우리가 "힘들어 죽겠다"를 노동요처럼 부르며 하루를 마무리 했을 때는 적어도 오늘의 힘듦을 통해 내가 어떤 경험치라도 얻게 되었다고 여기며 스스로를 칭찬해 주어야 한다. 그것이 인생의 문제를 만나기 전 피해 가는 요령이든, 문제에 직면했을 때 좀 더 쉽게 해결하는 지식이든, 문제로 인해 상처받았을 때 빠르게 회복할 내공이든 말이다.

나라는 주인공 역시 오늘 하루를 통해 레벨업 했다는 긍정적인 생각을 하면서, 정신력 회복 아이템을 사용하려 한다. 맥주 한 캔을 들고 TV 앞에 앉으며 주문을 외워 본다.

"아이고, 아이고, 힘들어 죽겠다!"

유체 이탈이 필요한 날

"스피웅 스피웅 스피웅 삐이이잉!"

매미가 성대모사처럼 울어대던 유난히도 더운 날이었다. 높은 정확도를 자랑하는 기상청 예보보다 훨씬 빨리 찾아온 무더위에도 계절상 아직 봄이라며 회사 에어컨은 가동되지 않았다. 덕분에 사무실엔 대형 드론들이 군무를 하듯 "부앙부앙" 요란한 선풍기 소리만 가득했다.

매일 아침 후임들을 갈구는 일로 하루치 자존감을 충전하는 P 차장은 그날도 어김없이 어린 양들을 회의실로 불러 모았다. 그는 문제없는 문제들을 찾으려 급여 이상으로 최선을 다하는 사람이다.

 찜통 같은 회의실 안에서 P 차장의 용암 같은 분노를 속수무책으로 받아내고 있을 때였다. 날이 너무 더워서였을까, 인간으로서의 생존 본능이었을까. 아주 잠깐이지만 내가 혼나고 있는 모습을 내가 내려다보는 것 같은 유체 이탈의 경험에 빠져들었다. 긴 시간은 아니었지만(길었다면 지금 글을 쓰고 있지 못했겠지만), 영혼이 분리된다는 것이 이런 느낌이구나 싶던, 정말이지 이상한 경험이었다. 만약 "마지막으로 한마디만 더하면!"이라는 P 차장의 네 번째 도돌이표가 없었다면 나는 회의실 맨바닥에 기절했을지도. (차암 감사하다.)

 그 후로도 의도적으로 몇 번 시도해봤지만, 그 더운 여름 매미가 껍질을 탈피하며 빠져나온 것 같던 몸과 영혼의 분리는 아쉽게도 한 번도 없었다. 대신에 보급형 유체 이탈은 일상에서 종종 애용하고 있는데, 직장 생활을 하면서 몸과 정신의 적절한 분리는 찜질방 식혜처럼 필수적인 능력이다.

"잘되면 내 덕, 안 되면 네 탓"이라는 고통사고 유발자들의 일관된 피드백은 웬만한 인간의 자존감은 쉽게 무너뜨릴 만큼 커리큘럼이 잘 짜져 있고, 당근 없이 채찍만 계속해서 맞다 보면 동기 부여는 무슨, 부어 있는 멘탈만 피폐하게 남게 된다. 그렇기에 우리는 맡은 일에 최선을 다하되 내 권한이나 의사결정 외의 요인들로 벌어진 실수, 실패에 대해서는 절대 자책할 필요가 없다.

그들이 나의 노력을 회사의 성공으로 포장하고 내 공을 인정한 적이 없듯, 회사의 실패를 온전히 나의 잘못으로 책망하는 데 나까지 동조할 필요는 없는 것이다. 또한 대부분의 실패는 그들의 변덕과 아집에서 야기된다는 것을 우리는 잘 알고 있다. 축구 경기에 졌다고 선수들 욕만 하는 감독은 본인 스스로 리더의 능력이 없다는 것을 인증할 뿐인 것처럼.

나에게 일절 도움이 되지 않는 상사의 일방적인 이야기를 들을 때는, 오히려 몸뚱이는 신나게 욕을 먹고 있어도 정신은 퇴근 후 찾아갈 맛집 메뉴를 고르고, 집에서 볼 넷플릭스 다음 에피소드를 궁금해 하는 편이 더 현명한 사회생활로 롱런할 수 있는 팁이다.

　이 책을 읽는 모든 이들이 부디 자신의 건강한 신체와 자존감을 지키기 위한 유체 이탈에 성공하기를 응원한다.

몸과 정신의 분리로 멘탈을 지켜내자

자신감과 자존감의 경계

회사 앞이 대형 서점이라 점심시간이나 틈이 날 때면 가끔 들르곤 하는데, 요즘 들어 특히 '자존감'에 관련된 책들이 눈에 띈다. 현재를 살아내는 사람들에게 얼마나 많은 자존감 문제가 있기에, 저렇게 한 면을 가득 채울 정도로 자존감을 올리자는 책들이 넘쳐날까?

마치 나는 아무 문제도 없는 사람인 것처럼 자신에 가득 차 책을 집어 들었다. 잠깐 훑어본다는 게, 고개를 연신 끄덕이고 폭풍 공감하며 점심시간을 다 쓰고서야 "아, 이래서 자존감 관련 책이 많구나!" 하며 결제까지 하고 말았다.

흔히들 자신감과 자존감을 헷갈리곤 한다. "나는 자신감이 충만한 사람이니까, 자존감이 낮을 리가 없어"라는 착각을 하는 것이다. 하지만 어떤 일을 내 능력으로 해낼 수 있다고 느끼는 자신감과 그 일의 성패 여부를 떠나서 나 스스로가 어떻게 받아들이는지에 대한 자존감은 그야말로 완전히 다른 얘기라고 할 수 있다.

내가 당연히 해낼 수 있다고 생각한 일을 실패했을 때 우리는 자신감이 꺾이곤 한다. 분명 내가 아는 나의 능력으로는 '식은 죽 먹기' 수준이었는데, 어떤 이유에서건 실패했으므로 '당연히' 해낼 수 있다고 생각한 믿음이 줄어드는 것이다. 바로 여기서부터가 자존감의 영역이라 볼 수 있다.

실패로 인해 나는 역시 안 된다고 자조하거나, "남들은 모두 잘하고 앞서 나가는데, 나는 왜 이럴까?" 혹은 "최선을 다하기 무서우니 차라리 대충 해야지"라고 회피하는 것은 낮은 자존감의 결과이다. 하지만 "이번에는 실패했지만 나는 더 잘할 능력이 있고, 더 노력할 테니 이 정도 실패쯤은 별것 아니야!"라며 훌훌 털고 앞으로의 자신을 그릴 수 있는 것은 높은 자존감의 결과이다. 그렇기에 세상을 살면서 예상보다 많은 실패와 좌절의 고통사고를 겪을 우리는 자존감을 높이는 데 공을 들여야 하는 것이다.

이 자존감이란 녀석은 참 신기한데, 본인의 능력이나 타인의 인정과 꼭 비례하지 않는다. 누가 봐도 능력도 좋고 돈도 잘 버는 사업가도 자존감이 낮을 수 있고, 대중의 사랑을 듬뿍 받는 연예인 역시 낮은 자존감에 힘들어하기도 한다. 오히려 사회적 성공에 관심 없이 하고 싶은 일을 하는 예술가가 높은 자존감을 갖기도 한다. 결국 외부적인 인정이나 평가보다는 '내가 스스로를 얼마나 사랑하고 존중하는가?'가 자존감을 높이는 중요 포인트이다.

《맥스웰 몰츠 성공의 법칙》의 저자인 맥스웰 몰츠는 "낮은 자존감은 계속 브레이크를 밟으며 운전하는 것과 같다"고 말했다. 낮은 자존감으로 자기 자신을 평가절하하면서 스스로에게 만족하지 못한 채 사는 사람은 운전하는 중에 지속적으로 브레이크를 밟는 차와 같다는 것이다. 그 차는 속도가 나지 않는 것은 물론이고, 고장나버릴 확률도 높다.

만약 주변의 차들이 속도를 줄여주거나 차선을 비켜 준다면, 내 차가 더 잘 나갈 수 있을까? 아니다. 브레이크에서 발을 뗄 수 있는 것은 오직 나 자신뿐이기 때문이다. 주변 사람들의 인정을 받고 좋은 글귀를 읽는 것도 분명 도움이 될 것이다. 하지만 결국 남이 아닌 나 자신의 목소리에 더욱 귀 기울이고, 내 삶의 운전자인 내가 바뀌어야만 자존감 역시 높아질 수 있다.

오늘부터라도 차 안에서 혼자 노래를 흥얼거리듯 나에게 말을 걸어보자. 어렵고 부족한 부분이 있어도 나는 나를 존중하고 있다고. 실패할 때와 성공할 때의 모든 나를 믿고 항상 응원한다고. 그리고 세상의 축복 속에서 내가 나를 처음 만났을 때처럼 나는 여전히 나를 사랑하고 있다고 말이다.

스스로의 가장 든든한 응원군이 되어 보자

누구에게나 사고는 일어날 수 있으니까

칭찬은 새우도 춤추게 한다

나이를 먹을수록 언제부터인가 어릴 때 자주 들었던 '칭찬'이라는 보상이 더는 당연하지 않게 된다. 아기 때는 배변만 잘해도 "오구 잘했네!"라는 감탄의 소리를 들었고, 학창 시절에는 성적만 잘 나와도 칭찬을 받았다. 가혹했던 군대에서도 삽질만 열심히 하면 "잘했다"며 건빵이나 초코파이라도 하나 더 받을 수 있었다.

딱히 내게 금전적인 이득이 되는 것은 아니더라도 (물론 금전적 이득이라면 효과는 3배였겠지만) "잘했다"라는 칭찬은 직접적으로 내 자존감에게 들려줄 수 있는 보상이고, 앞으로 더 잘하기 위한 동기부여의 트리거가 되곤 했다.

하지만 '사회'라는 무대에 올라서니, "잘했다"라는 이야기를 듣기가 가뭄에 잭과 콩나무 나듯 어려웠다. "자~알 한다" 같은 핀잔은 최근에도 몇 번 들어본 것 같지만……

시킨 걸 잘 해내는 건 너무나도 당연한 일이고, '욕이나 안 먹으면 다행'이라는 말이 진리처럼 통용되는 각박한 세상이다.

단순하게 생각해서 학교는 돈을 내고 다니지만, 회사는 돈을 받으며 다닌다는 차이 때문일까? 아니다. 이건 한 사람의 성과를 단순히 시계태엽 같은 시스템의 당연한 결과물로 볼 것인지, 개개인의 가치 있는 노력과 의지로 봐줄 수 있는 것인지의 문제일 것이다. 결국 그 판단은 '사람'이 하는 것이니 말이다.

몇 년 전 상사와의 면담 중 직원들이 잘한 것에 대해서, 특히 신입사원들에 대해서는 좀 더 칭찬해주는 문화를 만들었으면 좋겠다고 건의한 적이 있다. 내 건의에 상사는 "뭐? 여기가 학교야? 버릇

나빠져서 안 돼!"라는 충격적인 답변을 해왔다.

아, 이런 뒤틀린 사고방식 때문에 우린 열심히 달리고도 늘 고통사고를 당했구나. '버릇'의 사전적 의미가 우리 집 국어사전과 같은 것인지 의문이 들었다. 그 후로도 변한 것은 없었다. 잘 해낸 일에 대해선 당연하듯 노코멘트이고, 부족한 일에 대해선 마치 기다렸다는 듯 욕을 듣는 분위기 속에 살고 있다. 그래도 긍정적으로 바뀐 부분이라면, 남이 안 해주니 나 스스로 나를 칭찬하는 일에 좀 더 관대해졌다는 것과 성과와 관계없이 후배들의 노력에 "잘했다"고 한마디 건넬 수 있는 관심이 생겼다는 것이다.

물론 말로 하기 쑥스러울 때가 많아 "줄 수 있는 게 이 커피 밖에는 없다~♬" 노래를 흥얼거리며 커피 한 잔을 내미는 경우가 대부분이긴 하다. 하지만 고작 커피 한 잔에 불과한 칭찬이라도 내가 인정에 고팠던 만큼 후배들도 더 가치 있게 받아들여주는 것 같아 나름의 뿌듯함을 느꼈다.

"커피는 쓰지만 지금 이 시간이 달아요!"라며 연극 대사 같은 멘트를 던졌던 후배의 '역칭찬'이 기억에 남는다. (아마도 네가 아메리카노보다 비싸고 달달한 바닐라 라테를 시켜서 일거야……) 이렇게 주고받는 작은 칭찬이 우리의 어떤 '버릇'을 나쁘게 만들지는 모르겠다. 하지만 한 가지 확실한 건, 칭찬은 고래뿐 아니라 매일 고래 싸움에 등 터지는 우리 작은 새우들도 춤추게 한다는 것이다.

"잘했다. 오늘도."

어른이도 칭찬이 필요해요

평가의 가치

인생은 평가의 연속이다. 수능, 토익, 공무원 시험 등 모든 유형의 시험들은 당연하고 소개팅, 면접, 심지어 개인 SNS 게시 글도 누군가에게 평가를 받게 된다. 이렇듯 끊임없는 평가로 나의 등급, 직업, 인기 등이 결정되다 보니 우리는 나 자신보다는 남의 평가로 나의 가치를 판단하는 데 익숙해져 버렸는지도 모른다.

"내가 너 같은 놈을 잘 아는데, 넌 안 돼!"
"초등학생도 이거보다 잘하겠다!"
"이것밖에 못해? 넌 가능성이 없어!"

특히 사회생활을 하다 보면 이런 부정적 평가들로 내 자존감을 상처 입히는 고통사고 유발자들이 많다. 그들은 나이, 직위, 경력 등 나보다 조금이라도 더 높은 숫자를 무기로 상대를 쉽게 평가하고 가르치려 든다. 하지만 반드시 기억해야 할 것은 나를 상처 입히는 그 평가의 말들이 정말 들을 만한 가치가 있는 것인지, 스스로 먼저 판단해야 한다는 것이다. 내가 평가를 받고 기뻐할지 반성할지 판단하는 기준은 상대의 직급이나 사회적 성공 여부가 아니다.

저명한 박사들의 논문이나 성공한 CEO의 명강의보다 일반인의 SNS나 책에서 읽은 한 구절이 더 심금을 울릴 때가 있듯 내가 들었을 때 가치가 있다고 판단되는 평가에만 귀 기울일 줄 알면 된다.

그래서 나는 아래 세 가지 기준 중 적어도 한 가지 이상을 충족시키는 사람의 평가를 경청할 가치가 있는 것으로 판단한다.

1. 그 사람의 평가로 인해 한 번이라도 내게 긍정적인 변화가 생긴 적이 있는가?
2. 그 평가에 내가 생각해 보지 못한 관점에서 고려해 볼 만한 요소가 있는가?
3. 내가 신뢰하는 누군가가 그 사람의 평가를 통해 위 두 가지 중 한 가지라도 경험한 적이 있는가?

만약 세 가지 중 한 가지도 충족시키지 못한 평가를 나를 위한답시고 해주는 사람이 있다면, 그 내용에 대해 생각하고 성찰하는 단계로 넘어가기 전에 과감히 그냥 못 들은 것으로 하자. 나라는 가치 있는 사람에 대한 평가는 더 가치 있는 말을 하는 상대에게 허용해야 하니까.

경력과 능력의 상관관계

"혹시 마케팅 몇 년 차인가요?"

업체와 미팅을 하던 중 나이가 있어 보이는 담당자 한 분이 대뜸 내게 질문을 던졌다. 나는 기존 기획안에 대한 보완 의견을 이야기하던 중이었는데, 훅 말을 끊고 들어온 질문에 당황하고 말았다.

"네? 4년 정도 되었습니다."
"아직 경력이 짧아서 잘 모르시는 것 같은데……."

그 담당자는 내 대답에 크게 만족한 듯 미소

짓더니, 본인의 경력은 15년이 넘었으니 서로 시간 낭비할 것 없이 그대로 진행하자고 말했다. 초등학교 5학년 때였나? 오락실에서 격투 게임을 하던 중 내가 내리 다섯 판을 이기자, 씩씩거리며 다가온 상대방 아이가 대뜸 "야, 너 몇 학년이냐?!" 하고 묻던 순간이 오버랩되어 떠올랐다.

결국 미팅은 논리적인 의견 교환 없이 그 15년 경력자의 한마디로 마무리되었고, 나는 10명 가까운 직원들 앞에서 완벽하게 무시당해버린 고통사고를 겪었다. 그 후 너덜너덜한 멘탈로 업체 직원 몇 분과 저녁 식사를 하게 되었는데, 한 분이 좀 전의 15년 차 담당자의 태도에 대해 대신 사과를 건넸다.

"죄송합니다. 그분이 업계에서 워낙 터줏대감 같은 분이라, 사실 저희도 답답하거든요."

그는 해당 담당자가 경력이 오래된 것은 맞으나, 힘들고 복잡한 일들은 전부 후임에게 맡기는 사람이라고 길게 하소연했다. "자신감과 고집으로 똘 똘 뭉쳐, 의사결정의 순간에만 본인의 155555랜 경력을 내세우며 타인의 의견은 무시하기 일쑤인 사람"이라고도 했다.

마치 운전면허를 딴 지는 15년이 되었지만, 면허증은 핸드폰 본인인증 때만 장롱에서 꺼내는 사람이 매일같이 국도, 고속도로, 비포장도로 등을 운전하며 경험을 쌓고 있는 사람들의 핸들을 빼앗는 격이랄까? "내가 운전 경력이 자그마치 15년이야!"라고 으스대면서 말이다.

확실한 것은, 운전면허증 취득 일자가 운전 실력과 비례하지 않듯 업계에서의 경력이 그 사람의 능력을 보증해 주진 않는다는 것이다. 더욱이 단순히 경력의 길고 짧음을 잣대로 상대를 무시하는 사람이라면, 변화에 빠르게 적응하며 새롭게 도전하는 후임들에게 더더욱 인정받기 어려울 것이다.

나는 업체 직원들의 응원을 등에 업고, 그 15년 경력자에게 미팅에서 못다 한 수정 의견을 메일로 보냈다. 다시 메일을 보내는 것이 갑질처럼 보일까 걱정도 되었지만, 다수가 잘못되었다고 생각하는 것은 한 번 짚고 가야 한다고 믿었다. 결국 우리가 모였던 이유는 더 나은 결과를 만들기 위해서였기 때문이다.

경력에 대한 방어 논리를 펼치지 못하도록 트렌드에 관한 레퍼런스들을 정리해서 삽입했고, 관행대로 진행했을 때와 새로운 시도를 했을 때의 장단점을 최대한 정량화된 예상 수치로 표기했다. 그러나 A4용지 2장 분량의 의견 메일은 다음 날 '깔끔한 두 줄의 거절 의견+2차 경력 자랑' 회신으로 무용지물이 됐고, 기획은 기존 안 그대로 진행되었다. 예상은 했지만, 고객 반응은 마케팅하기 전과 다름없이 아주 그대로였다. 그냥 망한 것이다. 내가 관여된 일이었기에 쌤통이라고 할 수도 없이 두통만 심하게 겪었다.

내 시도가 비록 당시의 유의미한 변화를 만들어 내진 못했지만, 이때의 경험은 한 분야에 오랜 시간 안주하고 고인물이 된다는 게 얼마나 위험한 일인지 생각해볼 기회가 되었다.

충만한 자신감도 중요하지만, 우리 모두는 무인도에 혼자 사는 것이 아니다. 인간인 이상 본인이 익숙한 관점에서 생각할 수밖에 없고, 그러다 보면 시야가 좁아지고 편협한 의사결정의 오류를 범할 수 있다. 때문에 우리는 서로 의사소통하며 더 나은 방향을 찾는 노력을 함께 해야 하는 것이다.

이 글을 읽는 지금, 자신의 능력이라는 면허증을 안일함과 현상 유지라는 장롱 속에 넣어두고 경력만 내세우고 있지는 않은지 체크해 보자. 장롱 속에서 낡아가는 면허증 만큼이나 자신의 가치도, 타인의 평가도 뿌옇게 바랠 수 있다는 것을 꼭 명심해야 할 것이다.

누구에게나 처음은 있다

누구에게나 '처음'은 있다. 첫걸음마, 첫 취업, 첫 키스, 첫 운전, 첫 육아……. 당연한 얘기지만, 신라 건국의 박혁거세와 같이 알에서 태어난 정도의 비범함이 아니라면, 어떤 아기도 걷기 전부터 뛰어다니지는 못할 것이다. 처음 시작은 누구나 완벽하지 못한 게 당연하다.

어쩌면, '처음'이라는 단어는 '앞으로 더 나아지기 위한 과정'을 뜻하는 말일지도 모른다. 하지만 우리가 성인이 되어 사회생활을 하면서부터 착각하기 쉬운 게 있는데, 바로 처음 경험하는 일에서의 미숙함을 나 자신의 부족함으로 오인한다는 것이다.

물론 어려서부터 스스로를 비난하며 자라지는

않는다. 부모의 보살핌 아래 어려서 용인되는 것, 미숙해서 용인되는 것들이 어느 정도는 안전장치가 되어주기 때문이다. 하지만 울타리를 벗어나 본격적으로 사회생활을 시작하게 되는 시기부터는 떨어지는 낙엽조차 내 잘못이라고 친절하게 상기시켜주는 고통사고 유발자들이 있기 마련이다.

나 역시 처음 직장인이 되었을 때 그런 빌런 같은 사람을 만났다. 업무 인수인계를 받기 전 관련 자료들을 찾아 혼자 정리한 적이 있는데, 마침 팀장이 관련 내용을 묻길래 대답했다. 한 시간 후, 나는 문제의 빌런에게 불려가 "왜 시키지도 않은 일을 해서 나를 무능력자로 만들어!"라며 혼이 났다.

그래서 이후에는 그가 시키는 일 위주로 했더니, "넌 내가 떠먹여 주는 것만 받아 먹냐? 생각이란 게 없어?"라는 비난을 받았다. 그의 질책은 연일 계속됐다. 나보다 더 오랜 경력이 있는 사람의 말이므로 당연히 그게 정답이라 생각했고, 나는 분노의 화살을 무능력한 나 자신에게 겨누게 되었다. 스스로의 부족함을 자책하며 하루하루 제 살 깎듯 자존감을 깎아내렸고, 결국은 우울증 증상까지 겪기에 이르렀다. 사회생활에서의 첫 대형 고통사고였다.

수년의 시간이 흐른 지금은 그의 비난이 절대 정당하지 않았던 것임을 알고 있다. 처음이라서 겪은 미숙함을 감안하더라도 그의 분노는 나를 가르치기보다는 괴롭히기 위한 목적뿐이었고, 영혼까지 털려버린 내게 싫증을 느낀 후 새로운 먹잇감에 달려드는 그의 모습을 보았을 때는 확신이 들었다. 한 귀로 흘릴 가치도 없이 귓바퀴 입구에서 커트해야 할 헛소리였다는 걸 말이다.

하지만 그때의 나도 그랬고, 지금 이 순간에도 익숙하지 않음으로 인해 고통을 겪고 있는 많은 사람들이 비난과 공격의 대상을 자신으로 착각하고 있을까봐 걱정이 된다. 어릴 때부터 우린 어른의 말을 경청하고 자기 자신부터 반성하라는 교육을 받아왔기 때문이다.

자아성찰이란 말이 자아비판으로 잘못 쓰이고

있을 만큼 우린 내 탓에 관대한 민족이다. 남부럽지 않은 고통사고 피해자인 내가 이것 하나만큼은 꼭 이야기하고 싶다. 처음의 미숙함이란 누구에게나 동등한 것이다. 그러니 더 나아지려는 노력을 포기한 사람이 아니라면, 어떤 방향으로든 더 익숙해지고 좋아질 수밖에 없다. 특히나 이렇게 시간을 내어 책을 읽을 정도의 독자라면 더 말할 것도 없이 확실하다.

우리는 처음에서 오는 익숙지 않음은 인정하되 그 미숙함을 내 능력의 부족함으로 착각해서는 안 된다. 스스로에게 먼저 화살을 돌리는 순간, 그 틈을 파고들며 비난하고 공격할 고통사고 유발자들은 주변에 널리고 깔렸기 때문이다.

만약 지금 어떤 형태로든 미숙함으로 인한 고통사고를 겪고 있다면, 절대 자책하거나 포기하지 않았으면 한다. 우리가 죽지 않는 한 어떻게든 보험 처리는 가능하고, 삶의 운전자로서 우리의 능력은 더 성장할 것이기 때문이다.

나를 괴롭혔던 그 빌런도 처음이라 그런 실수를 한 것이지, 다음 생에는 더 나아질 것이라 생각한다. 그런 의미에서 책이 나오면, '달콤한' 간식이라도 같이 사서 이 말과 함께 전해드려야겠다.

"그때 저한테 왜 그랬어요?"

지금은 완전 물 만난 물개지!

NO. 1

고통사고 대처 보고서

작성자: 물깽

사고발생일	Everyday
사고발생지	Everywhere

· 고통사고는 누구에게나 난다. 기죽지 말자.

· 지금 모습 그대로도 우리는 충분히 사랑스럽다.

· 오늘의 고통은 어떤 형태로든 경험치로 쌓인다.

· 때때로 멘탈 보호를 위한 정신적 유체 이탈이 필요하다.

· 나는 나를 존중한다. 믿는다. 사랑한다.

· 칭찬은 우리 모두를 춤추게 한다. 잘했다. 오늘도.

· 존중할 만한 가치가 있는 평가에만 귀 기울이자.

· 경력이 아닌 능력을 키우자.

· 처음엔 미숙하겠지만, 우리는 분명 성장한다.

누구에게나 사고는 일어날 수 있으니까

PART 2

나를 지키기 위한 최선의 방어

피해, 피하라고!

"앞 차, 왜 저렇게 비틀거려? 속도 줄이자."

도로를 달리다 보면 주변의 차가 왼쪽, 오른쪽으로 휘청거리거나 마치 '지하철 쩍벌남녀'처럼 두 개의 차선을 반반씩 차지하고 달리는 경우가 있다. 물론 극도의 운전 미숙일 수도 있지만, 십중팔구 음주 운전일 가능성이 높다.

보통 저런 차를 보면 혹시 모를 위험을 피하기 위해 차선을 바꾸거나 아예 거리를 벌리는데, 그럼에도 불구하고 일반 차량과 음주 운전 차량 간에 사고가 나는 케이스들이 종종 있다. 음주 운전자를 일반 운전자와 동일한 상식 수준으로 오판했을 때

흔히 벌어지는 일이다.

내가 겪은 다섯 번의 교통사고 중 넘버 3가 바로 그랬는데, 지금의 매형이 누나와 연애하던 시절 나와 셋이 차를 타고 가던 때였다. 매형이 운전하던 차가 사거리 좌회전 신호를 받아 좌측으로 돌던 중 반대편 사거리에서 차량 한 대가 직진으로 달려와 우리 차 옆구리를 그대로 박아버린 것이다.

당시 누나는 이 사고로 2주간 병원 신세를 져야 했다. 나는 뒷좌석에서 상대 차가 우리 쪽으로 달려오는 것을 봤지만, 빨간불이었기에 당연히 정지선에 멈출 것이라고 생각해 별다른 얘기를 하지 않았다. 상대가 음주 운전자라는 생각은 못 하고 일반적인 운전자의 상식으로 판단해 버린 것이다.

계속 돌진하는 차량을 보고 매형이 엑셀을 밟는 기지를 발휘했기에 망정이지, 자칫했으면 조수석에 앉은 누나가 더 크게 다칠 뻔했다. 덕분에 뒷좌석에 큰 충돌이 있었고, 그곳엔 튼튼한 내가 앉아 있었다. (매형…… 나 튼튼한 거 알고 그런 거죠?)

"콰쾅!!" 대포와 같은 충돌 소리와 함께 차는 15도 정도 밀려난 후 멈춰 섰다. 혼비백산하는 우릴 진정시키고 매형이 상대 운전자와 대면했는데, 상대는 술에 취해서 무슨 일이 벌어졌는지, 무슨 말을 하는지도 잘 모르는 상태였다. 그야말로 상식이 통하는 상대가 아니었던 것이다.

누군가에게 큰 피해를 입히고도 본인의 잘못조차 인지 못하는 음주 운전자의 모습이 사회생활에서 만나온 고통사고 유발자들과 꼭 닮았다는 생각이 들었다. 당연히 멈출 거라 생각했지만, 속도조차 줄이지 않았던 음주 운전자와 같이 사회의 상식이 아닌 본인의 상식만으로 돌진하고 충돌하는 또라이들이 그렇다.

그들은 "난 술 마셔도 운전 잘해"와 같은 근거 없이 위험한 자신감에 취해 있고, "내가 달려가면 너희가 피하면 되잖아"라는 독특한 생각이 뇌에 박혀 있는 역발상의 소유자들이다. 그러다가 결국 크게 부딪히기라도 하면, 사과 대신 "나는 원래 그런 사람이야. 몰랐어?"라며 본인의 개념 없음을 개성 있는 성격으로 포장하는 비상식적인 부류이기도 하다.

몇 년 전 교통사고로 2주간 입원했던 나에게 전화를 걸어 "정말로 입원한 거 맞아? 그래도 내가 시킨 일은 해야 돼!"라며 비상식적인 행동을 보였던 회사의 네임드 빌런 역시 상기 또라이의 조건을 수석으로 충족한 사례이다.

음주 운전자와 또라이의 공통점
1. 그들은 설득의 대상이 아니라 기피의 대상이다.
2. 그들과 부딪히면 무조건 다치는 것은 나다. 몸이든 마음이든.
3. 그들에 대한 사회의 처벌은 놀랄 정도로 약하다.

물론 상대가 또라이인 것을 모를 때는 그들을 설득하기 위해 한두 번 정도 바른 말을 건네 볼 수 있다. 나쁜 애인에게 끌리듯 "이 사람을 바꿀 수 있는 사람은 나뿐이야!"라는 이상한 사명감이 생길 수도 있다. 하지만 몇 번 부딪히다보면 느끼게 된다. 일반적인 상식이 통하지 않는 것은 기본이고 비상식에 대한 본인의 신념과 확신이 강하기 때문에 대화조차 불가능한 경우가 많다. 결국 이제껏 윤리, 도덕, 상식이라고 배워왔던 것의 근간부터 흔들리며 마상과 내상을 입는 것은 본인이 될 것이다.

음주 운전자들은 아무리 대리운전을 부르라고 해도 "얼마 안 마셨어. 지금까지 사고 난 적 없어!"라며 기어코 운전대를 잡는다. 또라이들 역시 당신이 아무리 설명하고 회유하고 비위를 맞춰도 그들만의 길을 달려갈 것이다.

그러다 당신의 발목 혹은 멱살을 잡힐 수도 있다. 때문에 그들을 같은 상식인으로 대하고 납득시키려는 노력은 하지 말아야 한다. 그들의 인정을 받기 위해 내 자신을 다그치며 노력하는 과오도 절대 범해선 안 된다. 밑 빠진 독에 물 붓기가 아닌 끓는 기름에 물 붓기처럼 나의 노력이 오히려 큰 화를 불러일으킬 수도 있다.

음주 운전은 경찰이 잡아서 벌이라도 주지만, 또라이들은 벌을 주는 사람조차 없다. 그러니 비틀거리는 자동차와 같이 "저 사람 왜 저러지?" 싶은 또라이를 발견한다면, 사명감? 자애? 동료의식? 다 버리고 우선 피하고 보자! 요령껏, 최선을 다 해서!

그 또라이는 상대 말고 요령껏 피해요

나를 지키기 위한 최선의 방어

예의 없는 자들을 위한 예의

회사에서 겪은 고통사고를 있는 대로 나열하자면 이 책은 장편 소설 코너로 가야겠지만, 그래도 이것 하나만큼은 우리 회사의 장점이라 말할 수 있다. 바로 양복을 입고 출근하지 않는다는 것이다.

분당의 몇 회사들처럼 반바지와 슬리퍼 그리고 반려동물 수준의 자유까지는 아니더라도, 적어도 매일 아침 우리 운명을 행위예술로 표현하며 넥타이로 목을 조르지는 않아도 된다. 출근만으로도 이미 충분히 숨 막히는 직장인들에겐 큰 메리트가 아닐 수 없다. 그런 나도 중요한 PT가 있거나 퇴근 후 장례식장에 가는 날엔 어색한 양복을 입고 출근하곤 했는데, 그럴 때마다 똑같은 농담을 던지던 빌런 선배가 있었다.

"뭐야? 설마 면접 보러 가는 건 아니지?"
"이직할 거면 미리 얘기해. 충원해야 되니까."

꼭 다른 직원들도 많은 사무실에서 농담이랍시고 그런 얘기를 하는 바람에 연차가 얼마 되지 않았을 땐 혹여나 쓸데없는 의심의 씨앗이 될까 봐 전전긍긍했다.

"아뇨…… 끝나고 장례식장을 가야 해서요. 진짜예요!"

나는 잘못한 것도 없는데, 하루 종일 절절매며 죄지은 사람마냥 사무실에서 눈치를 봐야만 했다. PT가 있던 어느 날, 그 선배는 한 치의 예외도 없이 똑같은 농담을 던졌다. 어디 메모장에 적어라도 놓은 것인지 신기할 정도로 토씨하나 틀리지 않았다. 의미 없는 농담에 지쳤던 건지, 선배 덕에 진짜 이직 생각이 들어서였는지 나는 "네. 임원면접만 남았는데, 잘될지 모르겠어요^^"라며 나름의 농담으로 응수했다. 순간 짧은 정적 속에 사무실 시계 초침소리가 어찌나 크게 들리던지 정확히 초침이 4번 움직이고 나서야 그가 입을 뗐다.

"너 회사 다니기 싫어? 지금 나한테 이직하겠다고 협박하는 거야?!"

만두 옆구리에서 터져 나온 육즙처럼 뜨거운 목소리로 분노하는 선배에게 나는 "앗뜨!" 혓바닥을 데인 기분이었다. 계속 큰소리로 정색하는 그의 태도에 당황한 나는 죄송하다며 수차례 머리를 조아렸다. 명백한 고통사고였다.

내가 뭘 잘못한 걸까? 인사권도 없는 그에게 내가 이직으로 협박을 할 필요도 없을뿐더러, 솔직히 퇴근 후에 장례식장을 가든, 이직 면접을 가든 그가 관여할 일이 아니다. 물론 면접 보러 간다는 후배의 농담이 이직할 능력이 부족한 사람 입장에선 기분 나쁘게 들릴 수 있다.

하지만 본인이 내게 수차례 던졌던 면접 가냐는 농담도 이직 생각이 없던 후배에게는 불필요한 불안감과 동료들 간의 위화감을 심어줄 수 있다는 걸 먼저 생각했어야 했다.

지금 생각해 보면 내가 정말 순진했다. 상대가 입에 걸레를 물고 나쁜 의도로 뱉은 말을 '농담'이라는 형태만 보고 악의가 아닐 거라고 오판을 했었다. 하지만 그의 농담엔 위트나 친근함은 전혀 없었고, 나를 공격하고 깎아내림으로써 본인의 입지를 견고히 하려는 뻔하고 악의적인 의도만 담겨 있었다. 지금 같았으면 그 의도를 단숨에 눈치 채고 아예 반응을 하지 않거나 똑같이 되돌려 줬을 텐데.

상대가 악의를 가지고 침 뱉듯 내뱉는 말은 굳이 받아줄 필요가 없다. 선배니까, 상사니까, 당연히 응해야 예의라는 것은 상식적인 사람들 간의 대화가 이루어질 때뿐인 것이다. 악의에 대해선 철저하게 무시하거나 똑같이 악의로 대응하는 것. 그것이 바로 예의 없는 자들을 위한 예의이다.

    몇 년이 흐른 지금 그는 이직 대신 다른 조직으로 밀려났고, 난 이제 양복을 입은 날에도 "옷이 많이 껴 보인다"는 말 외엔 불편한 말을 듣지 않는다. (슬프게도 살찐 건 사실이다…….) 어쨌든 다 지난 일이니, 언젠가 로비에서 그를 만나면 안부나 물어보아야겠다.

    "좋아 보이시네요. 어디 면접 가시는 건 아니죠?"

선의를 빌려주지 마라

"착한 사람이 손해 보는 세상"이라는 말이 있다. 보통 착한 사람들은 남의 부탁을 잘 거절하지 못하고 주변 인물들을 위해 본인이 불이익을 감수하는 경우가 많다. 또 상대에게 먼저 선의를 베풀지만, 그만큼 돌려받지 못하는 경우가 허다하다.

나 역시 나만 맨날 배려하는 것 같고, 선의가 선의로 돌아오지 않는 경험이 쌓이면서 마음의 상처를 받았다. 분명히 교육받은 대로 착하게 살려했고, 권선징악이 세상의 이치라 들었는데 그와 반대로 이를 악용하는 고통사고 유발자들에 의해 심적, 물질적으로 손해 보는 일이 반복되며 가치관의 혼돈을 겪기도 했었다. 어느 정도 내공이 쌓인 지금 와서 생각해 보면 내가 손해를 봤던 이유는 '착해서'라기보다는 '착하려고 노력해서'가 아니었을까 싶다.

진심에서 우러나오는 선의와 노력하는 선의에는 차이가 있다. 전자는 돌려받기를 기대하지 않고, 후자는 돌려받기를 조금이라도 기대한다.

예를 들어 내가 20년 넘게 후원 중인 불우아동들에게 나는 아무것도 바라지 않는다. 그저 내 귀여운 월급을 쪼갠 작은 후원금이 그 아이들에게 조금이나마 도움이 되기를 진심으로 바랄 뿐이다. 하지만 대학 조별 과제에서 모두가 하기 싫어하는 일을 내가 맡겠다고 했을 때는 내심 그 희생에 대해 칭찬을 받고, 성적에도 더 가점이 되기를 바랐다. 또 동료가 어려운 업무로 끙끙대고 있는 것을 도와주겠다고 나선 것에 대해서는 내심 밥 한 끼라도 대접받길 바라고 있었다.

하지만 대부분의 사람들은 그런 내 노력을 당연한 듯 받아들였고, 가끔씩 돌아온 보상도 내 기대에는 미치지 못했다. 그렇게 나는 또 혼자 실망하며 '착한 사람의 속상함'을 겪었다. 하지만 생각해보면, 조별 모임 때도 그렇고 동료 역시 내게 먼저 희생을 강요하거나 요청하지 않았다. 그저 내가 희생하고 봉사함으로써 '좋은 사람'으로 인정받고 보상받기 위해 노력했을 뿐이다. 결국 돌아오지 않을 선의를 빌려주고 마음에 상처받기를 반복한 것은 바로 나 자신이었다.

선의善意는 '착한 마음, 좋은 뜻'이라는 의미를 가진 좋은 말이다. 그것이 진정 우러나오는 것이든, 노력해서 베푸는 것이든 선의 자체를 탓할 수는 없다. 그러니 우리가 상대에게 선의를 베풀면서 실망하고 상처받지 않기 위해서는 확실한 기준을 세워야만 한다.

1. 빌려주는 선의가 아닌 줄 수 있는 선의여야 한다.
내가 누군가에게 선의로 느껴지는 행동을 하려면, 그것이

심적·물질적·시간적·공간적…… 무엇이든 간에 스스로 어느 정도의 손해를 감수해야 한다. 때문에 일정 수준의 보상을 기대하고 그것이 돌아오지 않는 것에 실망하고 상처받을 것이라면, 차라리 상처받지 않을 정도의 선의만 상대에게 주는 것이 좋다.

내가 무리해서 베푼 선의의 크기를 상대도 똑같이 느끼는 것은 쉬운 일이 아니며, 만약 꼭 돌려받을 보상을 먼저 정해놓는다면 그것은 선의가 아닌 거래에 가깝다.

2. 선의의 최우선 순위는 나 자신이 되어야 한다.

타인을 위해 좋은 마음으로 좋은 행동을 하는 것도 중요하지만, 내가 가장 존중하고 선의로 배려해야 하는 것은 바로 나 자신이다. 아무리 좋은 일을 하고 '좋은 사람'으로 주변의 인정을 받는다고 해도 그로 인해 내가 스스로의 감정을 억누르고 행동에 제약이 생긴다면, 그것은 내 자신을 녹여 빛을 내는 초와 같은 희생에 불과할 것이다.

물론 처음에는 평소와 다르게 자신을 배려해주지 않고 거절을 하는 나의 변화에 불만을 갖는 사람들도 있었다. 하지만 시간이 지날수록 내 선의를 마치 자신의 소유인 양 이용하고 착취했던 고통 사고 유발자들을 걸러낼 수 있게 되어 오히려 다행이었다. 그리고 나는 여전히 내 진심을 알아주는 사람들과 더 진정성 있는 선의를 나누고 감사하며 살고 있다.

    우리 모두는 '손해 보지 않는 착한 사람'이 될 수 있다. 함부로 선의를 빌려주지 말자.

온전히 줄 수 있는 선의 늘려가기

또라이 백신 도입 시급

"코로나 일일 확진자 5,000명 돌파!"

 코로나 확산 수치가 연일 믿을 수 없을 정도의 높은 수치를 기록하면서 우리 회사도 재택근무를 실시했다. 사람에서 사람으로 확산되는 바이러스인 만큼 최대한 인구 이동과 밀집을 줄이는 것이 당연한 조치였다.
 오전 9시, 오후 6시의 지옥철과 버스의 콩나물시루 같은 밀집도를 경험해 본 사람이라면, 출퇴근이 존재하는 한 코로나는 영원히 끝나지 않을 것 같다는 생각을 해 봤을 것이다. 모르는 사람과 한 집에 사는 가족들보다 더 가깝게 얼굴을 마주 대고 이동하다 보니, 운 나쁘면 코로나 바이러스도 사이좋게 나눠 갖겠다 싶다.

주 5일 재택근무가 권고사항이었지만, 눈치를 많이 보거나 꼭 나와야 할 일이 있는 직원들은 출근을 하기도 했다. 사무실에 나온 직원들끼리 모여 "우리가 국민 안전을 위해서라도 이렇게 출근해선 안 된다"며 애국심을 한껏 고취하고 있을 때였다.

"좋은 아침입니다!"라는 인사말과 함께 출근하는 S 사원에게 U 차장이 뜬금없이 농담을 던졌다.

"집에서 푹 쉬다 왔어? 아무도 안 보니까 휴가랑 똑같지?"

솔직히 나부터 말하자면, 출퇴근 시간 낭비 없는 재택근무의 매력에 푹 빠졌다. 당연히 휴가랑은 다르지만, 조금 더 늦잠을 자도 된다는 점이 너무 좋았다. 업무 집중도도 높아지고, 불필요한 회의도 더 줄어들고, 당연히 훨씬 안전하기도 했다. 특히나 저런 쓸데없는 얘기나 해대는 고통사고 유발자들을 안 봐도 된다는 점이 가장 마음에 들었다.

S 사원은 "열심히 일했다"라고 웃어넘기며 자리에 앉았고, U 차장은 두 번째 헛소리를 투척했다.

"요즘 애들은 재택하란다고 다 집에서 안 나오더라? 나는 5일 다 회사 나와서 일 했는데. 세상 많이 달라졌어."

순간 귀를 의심했다. U 차장의 문장이 주는 황당함이 코로나 확진자 추이마냥 내 예상치를 웃돈 것이었다. 재택근무가 휴가도 아니고 국가 차원에서 바이러스 확산을 줄이기 위해 권고하는 사항인데, 그걸 안 지키고 다니는 걸 자랑한다고? 더욱이 당신 요즘 딱히 하는 일도 없잖아?

참 영악하다는 생각이 들었다. 본인은 회사에 나와서 일을 하지만, 남들은 집에서 논다고 단정지으며 주변인들까지 재택근무자를 근무 태만으로 여기게 만드려는 고도의 고통사고 기술이었다. 나는 코로나 확산 방지를 위해 주말에도 아내와 함께 집에 꽁꽁 박혀 있는 사람으로서 정상적인 재택근무를 저렇게 비아냥거리는 것에 화가 났다. 한마디 하려던 찰나 S 사원이 먼저 답했다.

"아, 전 회사 나와서 엉덩이로 일하는 것보다 집에서 머리로 일하는 게 훨씬 업무 효율이 높더라고요."

엉덩 차장, 아니 U 차장은 순간 이 대답이 어떤 의미인지 잠깐 고민하는 눈치였지만, 한참 어린 S 사원이 본인을 비꼴 리 없다고 철석같이 믿었는지 자신의 부족한 이해력을 뽐내며 마무리 지었다.

"그래, 맞아. 머리를 잘 써야지, 나처럼."

옆에서 소리 없이 웃으며 나와 눈을 맞추는 동료들을 보니 U 차장 외에는 다들 찰떡 같이 알아들은 것 같았다.

재택 기간에 불필요하게 나다니며 바이러스

숙주가 되길 자청하는 건 본인의 자유 의지다. 하지만 본인의 행동은 열정이나 책임감으로 포장하고 타인의 선택은 비뚤어진 기준으로 깎아내린다면, 그 악질적인 의도는 비난받아야 마땅할 일이다. 후배가 진짜 잘되길 바라는 마음이었다면 사무실 사람 많은 곳에서 얘기를 꺼내지도 않았을 것이다.

내가 반박했다면 저렇게 U 차장의 화는 돋우지 않으면서 위트 있게 비꼬지 못했을 텐데, 능수능란하게 할 말은 다 한 S 사원의 대응스킬에 찬사를 보내며 나는 모닝커피 한잔을 대접했다.

티타임의 대화 주제는 "코로나 백신도 중요하지만 또라이 백신도 꼭 필요하다!"였다. 특히 U 차장과 같이 자연치유가 어려운 수많은 고통사고 유발자들은 우리같이 친절한 사람들이 꼭 2차 접종 그리고 부스터 샷까지 챙겨주도록 하자!

또라이 질량 보존의 법칙도 같이 사라져라!

클랙슨이 필요한 순간

운전하는 모습을 보면 그 사람의 본성이 나온다는 말이 있다. 혹자는 연인과 결혼하기 전 꼭 따져봐야 할 항목 중 하나로 '운전하는 모습 보기'를 추천할 만큼, 평소와 다른 과격하고 비상식적인 모습을 보게 될 수도 있다. 그렇다면 왜 사람은 운전할 때 본성이 쉽게 드러날까? 여기에 관해서는 두 가지 정도의 이유를 생각해 볼 수 있다.

1. 운전자는 쇳덩이로 만든 단단한 차체에 보호받고 있기 때문이다.

제아무리 운동 좀 했다는 사람도 본인보다 덩치 크고 험상궂은 사람과 맨몸으로 마주친다면 움츠러들게 마련이다.

나를 지키기 위한 최선의 방어

하지만 단단하고 큰 자동차 안이라면 어떨까? 더욱이 문을 잠글 수도 있다면? 웬만한 외부 위험으로부터는 안전하게 보호받는다고 느낄 것이다. 그렇기에 운전자는 주눅들 일 없이 평소보다 솔직하고 과격한 표현에 세상 참신한 욕까지 메들리로 쏟아내는 능력을 발휘할 수 있다.

2. 상대 운전자의 얼굴이 보이지 않기 때문이다.
사람과 사람이 대화할 때, 언어적 표현 외에도 표정에서 읽히는 감정으로 상대의 심리 상태를 파악할 수 있다. 그래서 상대가 흥분한다 싶으면 자제할 수 있고, 울먹인다 싶으면 달래줄 수도 있다. 하지만 서로 차 안에 있는 상황이라면? 상대 운전자가 비상 깜빡이라도 켜주지 않는 한 그의 생각을 전혀 알 수 없다. 때문에 상대의 눈치를 보거나 배려하는 일 없이, 본인이 느끼는 그대로의 분노와 답답함을 클랙슨으로 "빵빵빠아아아앙!" 표현할 수 있다.

결국 상대가 나를 해하지 못할 것이라는 믿음과 상대의 눈치를 보지 않아도 된다는 두 가지 요소가 차 안에 있는 운전자들에게 '지 하고 싶은 말과 행동을 다 할 수 있게' 만들어주는 것이다. 하지만 차에 타고 있지 않은데도 이런 식으로 자기 마음대로 행동하고, 남에게 상처 주는 말을 밥 먹듯 하는 선을 넘는 사람들이 있다. 자신의 계급이나 지위가 자신을 보호하는 단단한 차체인 양 상대를 공격하고 막 대하는 자, 상대의 표정이나 마음을 살필 생각 없이 본인이 하고 싶은 말만 시원하게 지르면 다인 줄 아는 자. 우리 주변의 수많은 고통사고 유발자들의 유형이다.

주변에 저런 유형의 사람이 한 명도 없다면? 핸드폰 카메라를 켜고 셀카 모드를 눌러 보길 권한다. 중요한 것은 이렇게 공격적이고 비상식적인 행동을 하는 이들에게 우리는 어떻게 대응해야 하는가다.

각자의 차 안에서 만났거나 또 볼일 없는 사이라면, 더러운 꼴을 잠깐 보더라도 그냥 무시하고 내 갈 길 떠나면 그만이다. 하지만 지속적으로 마주쳐야 하거나 피할 수 없는 상황이라면, 적어도 한 번은 그들에게 똑바로 알려줄 필요가 있다.

그들이 사회적 우위를 이용해 우리에게 휘두르는 권위의 폭력은, 단단한 차체와 달리 용기 있는 제보나 약자들의 연대로 한순간에 찌그러뜨릴 수 있다는 것을. 그들이 배려나 존중 없이 배설하는 막말들도 차 속에 숨어 있을 때와 달리 모두가 그들의 얼굴과 함께 하나하나 기억하고 평판을 매기고 있다는 것을 말이다.

오랜 관습 속에 굳어져 온 상하 관계를 하루아침에 바꾸기는 어렵다. 어찌 보면 그냥 내가 참더라도 충돌 없이 살아가는 것이 더 낫다고 생각할 수도 있다.

하지만 세상은 분명히 변하고 있고, 약자들이 목소리를 낼 수 있는 제도적 마련과 옳고 그름을 판단하는 사회적 인식 또한 발전하고 있다. 그렇기에 우리는 깜깜한 밤에 태양을 띄우고자 하는 것이 아닌, 광장을 밝힐 작은 촛불을 켜는 마음으로 우리가 옳다고 믿는 목소리를 낼 줄 알아야 한다.

차 속은 영원히 안전할 거라 착각하는 그들에게 경고의 클랙슨 소리를 들려주기 위해서라도 말이다.

"빵!!!!!"

인간 코스프레

인간과 동물의 차이는 무엇일까? 물론 인간도 사회적 동물이라 동물에 포함된다고 볼 수 있지만, 그래도 통념적으로 구분되어 불리는 것은 둘 사이에 분명한 차이점이 있어서이다.

많은 학자들의 다양한 견해가 있지만 그래도 다수의 공통된 구분점으로 보자면 인간은 이성적이고 동물은 본능적이라는 차이를 들 수 있겠다.

동물은 기본욕구인 식욕이 채워지지 못하면 생존본능에 의해 극도로 공격적이 되지만, 인간은 이성적인 사고를 통해 나의 식욕을 자제하고 타인을 먼저 배려할 수 있다. 아, 물론 나와 아내를 포함한 몇 인간들은 배가 고플 때 동물 못지않게 사나워지긴 한다. 어쨌든 인간임을 규정짓는 기준은 이성적이고 합리적인 사고와 다른 인간을 향한 배려와 연민 등으로 볼 수 있다는 것이다.

하지만 우리의 지난 일주일만 돌아봐도 '이게 진짜 맞는 기준인가?' 싶을 정도로 인간답지 않았던 인간들을 떠올릴 수 있을 것이다.

개인사정으로 빡친 일을 우리에게 괜히 화풀이 하던 놈, 걱정해주는 척 살살 약 올리고 뒤에서 욕하던 놈, 힘들게 다 해놓으니까 숟가락만 턱 얹던 놈……. 〈동물의 왕국〉 다큐멘터리 자막을 입혀 놔도 전혀 어색하지 않을 만큼 동물 같은 인간들이 사방을 둘러싸고 있다.

가능하면 다른 에피소드에서 다룬 내용과 같이 '어차피 스쳐지나갈 인간들 신경 쓰지 말자' 하고 싶지만 나처럼 운 나쁘게 한 직장에서 4~5년 이상 붙어 있어야 하는 경우라면, 생존을 위해 극약처방을 쓸 수밖에 없다. 바로, 내 앞에 있는 저 고통사고 유발자들을 동물이 인간 코스프레를 한 것이라 생각하는 것이다!

"아니, 최고 존엄 가치의 인간을 동물로 생각한다고? 이런 몹쓸!" 하는 사람도 있겠지만, 인간은 인간으로서의 책임과 역할을 할 때 비로소 인간인 것이다.

동물들은 배가 고프면 먹고, 자고 싶으면 자고, 공격 받으면 공격하는 본능에 따른다. 인간 코스프레를 한 고통사고 유발자들 역시 그런 본능에만 따라서 행동하기 일쑤다. 상대방의 마음이나 상황 따위는 배려하지 않고 본인이 원하는 대로만 행동하며 선을 넘곤 한다. 그렇다면 우리 인간들 역시 그들을 인간으로 예우할 이유가 없다.

자, 상대가 인간 코스프레를 한 동물이라고 생각했다면, 그 다음은 쉽다. 기대가 없으면 실망도 없는 법, 그 동물들에게 어떤 형태의 기대도 하지 않는 것이다. 양심, 배려, 상식, 인정, 그 어떤 것도 말이다.

지금은 무지개다리를 건넌 우리 집 강아지 뽀리를 보며, 나는 큰 기대 없이 건강하게 자라기만을 바랐었다. 집에 돌아왔을 때 화장실에서 내 방까지 두루마리 휴지로 화이트카펫을 깔아 놨을 때도, 민무늬 가죽 소파를 부분 부분 찢어 파격적인 현대미술품으로 재탄생 시켰을 때도, 난 화를 내거나 실망하지 않았다. 왜냐면 나는 뽀리에게 건강과 행복 외에 별다른 기대가 없었기 때문이다. 물론 너무 귀엽게 생겨서 화가 1초 만에 풀어진 영향도 있다.

이처럼 고통사고 유발자들을 대할 때 아무 기대 없이 마음을 비우고 인간 코스프레를 한 것이라고 생각한다면, 그들이 우리를 공정하게 배려하거나 이성적 사고로 대해줄 것이라는 기대가 없기 때문에 크게 실망하거나 스트레스 받을 일도 줄어들게 된다.

이 스킬에 익숙해지면, 평소처럼 그들이 시비를 걸고 진상 짓을 하더라도 "아 또 짖는구나. 배가 고픈가?"라고 생각하는 경지에 이를 수 있다.

나를 지키기 위한 최선의 방어

오히려 가끔씩 인간다운 행동을 해주면 이상하게 기쁜 마음마저 드는 신기한 체험도 하게 될 것이다. 마치 사방팔방 똥오줌 못 가리던 우리 뽀리가 가끔씩 배변판 위에 똥을 누었을 때처럼 말이다.

"오구오구, 웬일이야? 간식 줘야겠네!"

을질주의보

'초보 운전' 스티커는 운전이 조금 미숙할 수 있으니 답답하거나 실수가 있어도 너그러이 양해해달라는 표시로 통용된다. 하지만 가끔 '초보 운전' 뒤에 이상한 문구들이 적혀 있을 때가 있는데, 농담이겠거니 하면서도 곱씹어보면 기분이 썩 좋지 않다.

"빵빵거리면 브레이크 콱 밟아버립니다."
"나 놀라게 하면, 오늘 너 죽고 나 죽자!"
"추월금지! 개 같은 어른이 타고 있어요."

어떻게 보면 도로 위의 약자로 볼 수 있는 '을'의 위치의 초보 운전자들이 오히려 초보라는 것을 악용해 다른 운전자들을 위협하는 '을질'의 문구인 것이다.

흔히들 갑질에 대해서는 사회적으로 경각심을 많이 갖기도 하거니와 사회적으로 약자인 을을 보호하자는 의미에서 갑질에 대한 보호책들이 점점 많이 생겨나는 추세이다. 콜센터나 창구 직원들의 녹음, 녹화 안전장치 등이 그렇다. 하지만 을질은 사회적으로 일반화된 갑질과는 반대되는 개념이고 아직은 사회적 통념으로 이해하기 어려운 부분이 있기에 우리 스스로가 주의하고 경계해야만 한다.

나도 얼마 전에 을질을 경험했다. 상대방이 나에게 갑질이라는 프레임을 씌우고, 부당한 서비스와 언어폭력을 을의 이름으로 정당화했기에 나는 그의 행동을 을질로 정의하기로 했다.

사건은 이랬다. 주말 아침, 갈수록 못나지는 내 얼굴로 쏠리는 시선을 머리로 분산시키기 위해 미용실을 찾았다. 미용사는 기존에 예약한 일반염색 대신 처음 듣는 시술 용어들을 나열하며 내게 고가의 시술을 추천하기 시작했다. 식당처럼 메뉴판이 마음에 안 든다고 일어나기에는 이미 내 목에 둘러진 검은 망토와 어느새 물뿌리개로 흠뻑 적셔버린 머리카락이 발목을 잡았다. 아무리 달변가라도 "그냥 알아서 해주세요"라고 말하는 소심쟁이가 되는 곳이 미용실이라 했던가. 나 역시 미용사의 화려한 업셀링에 어버버 하다가 결국 계획보다 한 단계 위 시술을 받기로 결정했다. 아니 결정당했다.

 몇 시간의 시술이 끝나고 거울을 봤는데, 머리색의 비포와 애프터가 완전히 똑같았다. 불안한 마음에 물었더니 미용사는 "상위 테크닉의 염색이라 1~2주 시간이 지날수록 더 밝은 색이 난다"며 오히려 머리색이 너무 밝아져 내가 회사에서 혼날까 걱정된다는 너스레까지 떨었다. 하지만 2주가 지나도 기대했던 애프터의 모습은 전혀 없었고, 오히려 지인들은 염색을 한지 몰랐다고 할 정도였다.

 고민 끝에 나는 비타민 음료를 사들고 미용실을 재방문했다. 을질로 고통사고를 당한 것은 바로 그날이었다. 미용사의 추천으로 한 단계 위 시술을 했음에도 전혀 염색이 되지 않은 부분에 대해 얘기하던 나는 오히려 예상치 못한 상황을 겪게 되었다.

"제가 보기에는 이게 색이 제대로 나오신 거 맞구요. 고객님 눈이 좀 특이 케이스이신 것 같아요. ……그럼 시술 받기 전에 얘기하시던지, 받을 것 다 받으시고 왜 갑질하시는 거예요?"

약속된 서비스를 받지 못한 내가 왜 추가금을 내고 시술을 받을 것이라 확신했는지는 모르겠지만, 5분 전까지 색이 덜 나온 것 같다며 동의하던 미용사는 나를 갑질 가해자로 만들며 목소리를 높였다.

나는 적잖이 당황했다. 내가 색맹 검사를 받아봐야 했던 걸까. 결국 더 이상의 논리적인 대화가 어렵다고 판단한 나는 아무런 조치도 사과도 받지 못한 채 갑질 고객이라는 불명예를 안고 터덜터덜 미용실을 나왔다. 그 와중에 비타민 음료는 내 것까지 놓고 나와 버렸다. (아이고 아까워……)

복수의 방법이라면 미용실 리뷰를 있는 그대로 쓰는 것이었지만, 그러면 그의 괴변처럼 내가 정말 갑질 고객이 될까봐 후기조차 남기지 못했다. 아마 그 미용사는 누군가에게 갑질을 당한 경험이 있거나, 어떤 계기로 자신이 '을의 위치라 손해를 본다'는 피해의식을 가졌을 수도 있겠다는 생각이 들었다. 그렇지 않고서야 상식적으로 저렇게 흥분하며 대뜸 갑질 얘기부터 할 리는 없을 것이다. 나야말로 돈 내고 짬뽕을 시켰는데 짜장면이 나온 걸 보상받지도 못한 을보다 못한 병이었는데 말이다.

　집으로 돌아와 거울에 비친 머리를 보니 심히 갑갑해졌지만, 내게 갑질 운운하는 을의 갑갑함을 넓은 마음으로 이해해 보기로 했다. 하지만 하나 확실히 알아줬으면 하는 것은 갑의 위치를 이용해 부당한 요구를 하는 게 갑질이지, 정당한 이의 제기나 요청은 갑질이 아니라는 것이다. 단순히 갑의 위치라는 것만으로 가해자일 것이라는 프레임이 씌워지는 것, 오히려 본인이 선택하지도 않은 갑이라는 위치 때문에 을이 악용하는 '약자 코스프레'의 타깃이 되어 억울하게 가해자 겸 피해자가 되어버리는 것이 '착한 갑'들의 고충일 수 있는 것이다.

우리는 갑질뿐 아니라 을질도 당하지 않도록 항상 경계해야 한다. 누군가 약자 코스프레를 시전하며 을질을 가하려 한다면 나처럼 당황하지 말고 침착하게 갑과 을의 이분법적 프레임에서 벗어나자. 상대와 동등한 위치에서 우리의 주장이나 요구가 정당한지 혹은 부당한지 사실 관계를 명확하게 따져보는 것이 중요하다.

"갑질? 내가??" 하며 당황하는 순간, 이미 착한 갑들은 을질 고통사고의 희생자가 될 수 있다.

자나 깨나 갑질 조심,
깨나 자나 을질 조심

나를 지키기 위한 최선의 방어

이(놈) 또한 지나가리라

진한 실연의 아픔으로 밥 한 톨 목구멍으로 넘기기 힘들던 시간, 열심히 성공시킨 프로젝트가 홀랑 다른 팀의 공적으로 넘어가 버렸던 순간, 몸살감기도 힘든데 아픈 것도 능력 부족이라며 서러움에 눈물콧물을 삼켰던 순간, 포기할 뻔했던 수많은 고된 순간에도 나를 지탱시켜줬던 마법의 주문이 있다.

"이 또한 지나가리라."

이 문구는 다윗왕과 그의 지혜로운 아들 솔로몬의 유명한 일화에서 시작된다. 이스라엘의 다윗왕이 반지 세공사를 불러 "내가 슬프고 힘들 땐 이겨 낼 수 있는 힘을 주고, 기쁘고 즐거울 땐 오만해지지 않을 수 있는 문구를 반지에 새겨 달라"는 어려운 미션을 내렸다.

나였으면 뭔 뜨거운 아이스 아메리카노 같은 소리냐며 단톡방에서 씹어 댔겠지만, 그 반지 세공사는 나름 좋은 라인을 타고 있었는지 지혜롭기로 유명한 솔로몬 왕자에게 다이렉트로 도움을 청하게 된다. 직장으로 치면 회장의 지시를 받은 과장급 직원이 사장실에 바로 찾아간 격이다.

솔로몬은 고민 끝에 어떤 기쁨도 슬픔도 절대적이지 않으며 영원하지 않다는 뜻의 문구를 알려줬고, 그것이 바로 직장인들의 대표 멘탈보호용 마법 주문인 "Soon it shall also come to pass(이 또한 지나가리라)"이다.

나 역시 지쳐 쓰러지고 포기하고 싶던 순간마다 저 문구를 떠올리며 힘을 내곤 했다. 하지만 이 마법의 주문이 만능은 아니라는 걸 깨닫는 순간이 있었으니, 바로 힘든 시간은 잠깐이면 지나가지만 나를 힘들게 하는 고통사고 유발자는 계속 옆에 있다는 것이었다.

물론 긴 인생으로 보면 못 견딜 정도는 아니겠지만, 짧게라도 그놈과 붙어있어야 한다는 현실이 괴로울 따름이었다. 그는 자존감을 부숴 버리는 언어폭력과 사사건건 꼬투리를 잡기 위한 디테일을 가졌고, 책임은 떠넘기고 권한은 악용하는 업무 스타일을 갖춘 완전체 빌런이었다. 또한 협력사와의 관계에서도 정기적인 고통사고 사례를 찍어내며, 그야말로 네임드 빌런으로 이름을 떨치고 있었다.

어쨌든 나는 왕의 아들도 CEO의 아들도 아니기에 그와 함께 직장생활을 할 수밖에 없다. 그렇다면 마음 굳게 먹고 지켜야 할 몇 가지가 있다.

1. 앞에서는 듣는 척하고 한 귀로 흘려버리자.
2. 업무든 일상이든 최대한 엮이지 말고 가능한 피하자.
3. 절대 측은지심을 가지지 말자.

특히 3번을 명심해야 하는데 고통사고 유발자들은 나뿐만 아니라 모두가 싫어할 가능성이 크기 때문에 아주 가끔씩 그런 모습이 불쌍하게 느껴질 때가 있다. 하지만 잠시 흔들린 판단력으로 손을 내민 순간! 그는 피라냐처럼 당신의 손을 덥석 물어뜯는다는 것을 명심해야 한다.

비록 나를 지켜주던 마법의 주문은 깨졌지만, 수많은 고통사고로 단련된 나의 단단한 내공과 노하우의 결정은 깨지지 않을 것이다. 지혜로운 솔로몬보다 이직을 도와줄 알바몬이 더 생각나는 그런 밤이지만, 뭐 어쩌랴?
오늘 그와의 기억은 변기 물에 흘려버리고, 다시 내일을 긍정적으로 시작하자.

"이놈 또한 언젠가는 지나가리라!"

언제까지 버티나 보자

양치기 직장인

나와 주변 지인들을 보면, 대부분의 직장인은 연차가 쌓일수록 점점 말수가 줄어든다. 나이가 들면서 윗입술 들어 올릴 힘이 약해진 탓도 있고, 말을 해서 얻는 것보다 잃는 것이 더 많다는 반복 습득에 의한 절제일 수도 있다. 하지만 내가 생각하는 진짜 이유는 입만 열면 나오는 직장에서의 거짓말을 줄이기 위한 선한 본능이라고 본다.

나는 성선설을 믿는다. 인간은 선하게 태어나기 때문에 선한 환경에서 자라면 악해질 이유가 없다. 하지만 세상 모든 악의 집합소가 군대라고 굳게 믿었던 내 믿음을 새로 고침 해준 회사라는 공간에서는, 인간의 태생적 선한 성향을 지키기 쉽지 않다.

나를 지키기 위한 최선의 방어

입만 열면 흔든 막걸리 뚜껑 따듯 욕이 새어 나오고, 별것 아닌 일에도 밥 먹듯 거짓말이 튀어나온다.

잘 이해가 안 된다면 심플하게 오늘 우리의 하루를 돌아보자. 만약 오늘 직장에서 단 한 번도 거짓말을 한 적이 없다면, 당신은 CEO이거나 CEO의 자녀일 가능성이 크다. 혹은 본인이 거짓말을 하는 것인지조차 의식하지 못하는 상당히 위험한 단계에 있는 사람일 수도 있다.

그러면 나의 거짓말 레벨 측정을 위해 이번 주 직장에서 한 거짓말들에 체크해 보자.

거짓말 레벨 테스트

1. 좋은 아침입니다. (　)

2. 좋은 생각인 것 같습니다. (　)

3. 눈 감고 생각 중이었습니다. (　)

4. 너무 재미있습니다. (　)

5. 오늘 멋지십니다. or 예쁘십니다. (　)

6. 네, 알겠습니다. (　)

7. 전 괜찮습니다. (　)

8. 약속 없습니다. (   )

9. 김치찌개 좋습니다. or 제육볶음 좋아합니다. (   )

10. 저야 영광입니다. (   )

11. 거의 다 됐습니다. (   )

12. 즐거운 저녁 되십시오. (   )

13. 집에 일이 있어서 (   )

14. 하하하 / 호호호 (   )

15. 감사합니다. (   )

16. 죄송합니다. (   )

17. 때려치우고 만다. (   )

> *1~4개 : 직장인 아니죠? *5~8개 : 보통의 직장인
> *9~13개 : 프로 직장인 *14~17개 : 양치기 직장인

 오죽 거짓말이 일상이면 박 차장, 서 과장, 김 대리가 아니라, 양 차장, 양 과장, 양 대리로 불러도 돌아볼 정도로 양치기 소년 같은 하루하루의 반복이다. 물론 남을 의도적으로 속이고 이득을 취하기 위한 거짓말은 당연히 지양해야 한다. 하지만 비상

식적이고 악의적인 고통사고 유발자들 사이에서 오늘 하루 무사하길 바라는 대한민국의 어린 양과 같은 양치기 직장인들의 거짓말은, 분명 선의의 거짓말로 봐줘야 할 것이다.

어느 누가 우리를 비난하랴? 만약 단 한 번이라도 "과장님, 그런 농담은 부적절합니다!" "차장님, 이제 그만 회의 끝내시죠!" "부장님, 이건 부장님이 하셔야죠!" "팀장님, 김치찌개 어제도 드셨잖아요!"라고 말할 패기가 있는 진실의 입을 가진 자, 우리에게 돌을 던지라!

저 사실 순댓국 그만 먹고 싶어요······

나를 지키기 위한 최선의 방어

NO. 2

고통사고 대처 보고서

작성자: 물깽

사고발생일	Everyday
사고발생지	Everywhere

- 또라이는 설득의 대상이 아니다. 피하자!
- 예의 없이 구는 자들에게 예의를 갖출 필요는 없다.
- 스스로를 상처 입히면서까지 베풀어야 할 선의는 없다.
- 코로나 백신처럼 또라이 백신이 필요하다.
- 옳다고 믿는 목소리를 내야 하는 순간이 필요하다.
- 인간 코스프레들에게는 기대가 없으니 실망도 없다.
- 갑질만큼 무서운 을질 역시 경계해야 한다.
- 고통사고 유발자들 또한 언젠가는 지나갈 것이다.
- 직장인들의 거짓말은 생존을 위한 선의의 거짓말이다.

변화는 작은 것에서부터 시작되니까

방향제 솔루션

나는 운전을 매우 싫어하는 편이었다. 운전을 시작한 지 2년도 안 되어 5번이나 교통사고를 당했던 것이 트라우마가 되었는지, 운전석에 앉기만 해도 이유 없이 불안하고 불편한 느낌이 들었다.

    어느 정도냐 하면, 한창 회사 말을 잘 듣던 '신입 고분이' 시절에도 출장 시 선배나 상사에게 운전만큼은 대신 부탁드리고 내가 조수석에 탈 정도였다. 신입사원이 조수석에 떡 앉고 팀장이 운전하는 차라니, 지금 생각해도 좀 민망하긴 하다. 아, 물론 보통은 도착지까지의 내비게이션 안내음보다 더 많은 욕을 듣기는 했다.

    별도의 심리 상담을 받아봐야 하나 고민도 해

봤지만, 운전이 싫은 병은 어느 병원으로 가야 할지 알 수가 없었다. 그러던 중 이런 고민을 친구에게 툭 털어놓았는데, 의외로 별일 아니라는 듯 솔루션을 제안했다.

    1. 차량용 방향제를 좋아하는 향으로 부착해 보기
    2. 맛있는 커피나 간식을 사러 갈 때 차를 몰고 가보기
    3. 운전기사 고용하기

전문가마냥 막힘없이 술술 얘기하는 친구의 태도에 코웃음 쳤지만, 평생 조수석에서 욕만 먹고 살 수도 없으니 밑져야 본전이라 생각하고 (3번은 빼고) 해보기로 했다. 우선 커피를 좋아하는 나는 진한 원두 향의 방향제를 차에 달았고, 일주일에 한두 번씩은 가까운 동네 카페에 간식을 사러 차를 몰고 가기 시작했다.

"아…… 운전하기 싫다"와 "그래도 커피랑 빵이 너무 먹고 싶다!"의 아수라 백작 같은 상반된 심

리로 처음 몇 번은 들었던 차 키를 내려놓기도 했다. 그래도 일단 차에 타기만 하면 진한 원두향이 당장 가서 카페인을 충전하라며 나를 채찍질해주니, 카페까지 운전하는 길은 평소보다 수월하게 느껴졌다.

친구의 야매 솔루션의 정확한 원리는 모르겠지만, 어찌 되었건 운전석에 앉았을 때 맡는 원두향이 좋았다. 평소 걸어서 왕복했던 카페도 차로 금방 다녀오니 춥거나 덥지도 않고 괜찮았다. "네가 무슨 오은영 박사님이냐?"라며 친구를 놀리기는 했었지만, 나는 눈에 띄게 좋아진 '금쪽이' 마냥 신기하게도 운전에 대한 거부감이 조금은 줄어든 느낌이었다.

몇 주 후 친구를 다시 만난 자리에서 물었다.

"네가 알려줬던 그 방향제 달고 하는 솔루션, 이거 효과 있는 것 같은데 정식 치료법이야?"

"치료법? 몰라. 내가 그런 말을 했어?"

크게 기대하진 않았지만, 역시나 별생각 없이 해준 말들이었다. 얻어걸리긴 했어도 생각해 보면 나름 일리가 있다. 운전이라는 과정 자체를 바꿀 수 없기에, 운전하는 환경이나 그 목표를 바꿔본 것이 도움이 되었던 것 같다.

내가 우울증 초기 증상에 시달릴 때 거주 환경을 바꿔보라던 아버지 말씀처럼 똑같은 환경에서는 절대 다른 변화를 만들어 낼 수 없다. 싫어하는 일을 하는 것은 같지만, 그 환경 안에 내가 좋아하는 요소들을 배치하고, 그 끝에 긍정적인 보상과 목표를 설정해보는 것이 이 야매 방향제 솔루션의 핵심이라는 생각이 들었다.

우리 삶도 마찬가지일 것이다. 인생이라는 과정은 수시로 선을 넘는 사람들과 고된 고통사고들로 가득 차 있으니, 평일을 버틴 후에 찾아오는 달콤한 주말이나 열심히 번 돈으로 주문한 '택배느님'처럼 긍정적인 목표 지점이 눈에 보인다면 우리는 더 힘낼 수 있을 것이다. 그리고 주변을 내가 좋아하는 커피, 친구, 가족, 음식, 운동, 반려동물 등으로 채워 넣는다면, 삶이라는 긴 도로 위를 훨씬 더 즐겁게 드라이브하게 될 것이다. 그러니 당장 오늘부터, 하나씩이라도 바꿔 보기로 하자.

방향제 솔루션(야매)의 핵심 Point

1. 작은 것부터라도 주변 환경을 좋아하는 것들로 채우기

2. 단기적으로 명확하고 긍정적인 보상과 목표를 설정하기

3. 운전기사 고용하기(??)

변화는 작은 것에서부터 시작되니까

내가 좋아하는 걸 주위에 채워 보자

의지박약인의 마음가짐

어린 시절의 나는 '때때로' 효자였다고 말할 수 있겠다. 시험 기간이면 책상 앞에 앉는 것이 너무 싫었던 나머지 평소엔 안 하던 방 청소부터 이불 정리까지 깔끔하게 마치고, 부모님께 뭐 심부름 시킬 것 없는지 몇 번을 여쭤보는 효심 지극한 아이가 되곤 했었다. 그러다 호통이 날아들면, 그제야 미루고 미루던 공부를 하겠다며 책상 앞에 겨우 앉았던 기억이 난다. 물론 그때부터는 연필 깎는 장인으로 변신했지만 말이다.

누구나 비슷한 경험이 있을 것이다. 해야 할 일에 바로 착수하지 못하고 괜히 핸드폰을 잠금 해제

해보거나, 연 김에 인스타그램이나 유튜브 방랑길을 떠나지는 않았는가? 꼭 웹 서핑이 아니더라도, 방 청소부터 냉장고 정리, 설거지까지 대신 할 일은 무궁무진 했을 것이다.

　이는 목표한 바를 강한 의지로 집중해서 해내지 못하는 전형적인 '의지박약' 증상이라 할 수 있다. 나 역시 일주일에 7일 정도는 이런 증상을 보였는데, 다 큰 성인이 집중력 부족, 의지박약 증상을 겪는 것에 자괴감이 들곤 했다.

　잠깐의 유혹을 이기지 못하고 또 딴짓을 해버렸다는 죄책감을 안은 채 하루를 마무리하는 날도 많았다. 한번은 강경책으로 핸드폰 전원을 꺼버렸는데, 오히려 전원을 켰다-껐다-다시 켰다하는 부팅시간 때문에 더 많은 시간을 낭비하기만 했다. 결국 한번 마음먹으면 180도 바뀌는 영화 속 주인공들과 달리, 나는 어쩔 수 없는 '의지박약인'이란 것을 솔직하게 인정했다. 그리고 딴짓을 멈출 수 없다면 더 이상 죄책감이나 조바심은 갖지 않기로 결심했다.

기존의 나

- 해야 할 일(원고 쓰기)에 2시간이 필요하면 1시간은 하지 않아도 될 딴짓(집안 청소 등)을 함
- 딴짓을 하느라 해야 할 일의 50%밖에 하지 못한 나를 자책하고 스트레스 받느라 또 시간을 허비함

'의지박약인'임을 인정한 나

- 해야 할 일에 2시간이 필요하면 1시간은 하지 않아도 될 딴짓(집안 청소 등)을 함
- 해야 할 일의 50%밖에 하지 못했음을 인정하고 자책하지 않음. 내일 다시 집중하기로 마인드 컨트롤 함
- 오히려 오늘 딴짓(집안 청소) 20%를 한 것에 대해 나름의 성취감을 느낌

결국 하루에 이뤄낸 결과물은 50%로 똑같다. 하지만 예전에는 할 일을 제대로 못했다며 스스로를 자책하고, 또 그 스트레스를 푸느라 뭔가를 먹고, 또 그걸 소화시키고 늦게 자느라 또 시간을 낭비했다면, 이제는 원고 쓰기 50%와 딴짓(집안 청소)

변화는 작은 것에서부터 시작되니까

20%, 두 가지를 모두 조금씩 성취한 것이라 긍정적으로 생각한다는 큰 차이가 생겼다.

사실, 하지 않아도 될 딴짓 역시 반드시 오늘 할 필요가 없었을 뿐 '언젠가는 해야 할 일'이었을 것이다. 그러니 내가 도피성으로 선택한 모든 행동들도 '쓸데없는 일'이 아니라 오늘이 아닌 다른 날에는 '꼭 했어야 할 일'을 미리 처리한 것이 된다.

물론 '오늘까지 원고 마감'과 '내일 아침 시험'과 같이 오늘이 아니면 절대 안 되는 급한 일이 있다면, 의지박약인이 아닌 의지강화인으로 끝마쳐야 할 것이다. 이런 케이스를 제외하고라면 우리의 수많은 '오늘'의 성취 만족도를 결정하는 건 결국 '나의 마음가짐'이란 걸 잊지 말자. 내가 세상에서 '글쓰기 전에 가장 청소를 잘하는 작가'가 되기로 마음먹은 것처럼 말이다.

비흡연자의 대처법

9시 출근해서 6시 퇴근까지 12시부터 1시 사이의 점심시간 외에는 회사규정으로 정해진 휴식시간이 없다. 그래서 나는 규정에 없는 휴식시간을 공식적으로 인정받는 그들이 매우 부러웠다. 바로 '흡연자'들이다.

 그들은 내가 한 번만 커피를 사러 나가도 한소리 듣는 것과 달리, 다섯 번을 담배 피우러 나가도 아무런 눈치를 받지 않았다. 오히려 상사의 흡연 타이밍에 맞춰 본인의 니코틴 사이클을 맞춘다면 함께 흡연하며 이런저런 정보도 듣고 친분도 쌓을 수 있는 '담배 라인'이 생기기도 한다. 이 얼마나 직장인으로서 큰 메리트인가!

변화는 작은 것에서부터 시작되니까

'비흡연자'의 설움은 회사에서뿐만이 아니었다. 군대에서 땅을 파고 다시 땅을 덮는 강도 높은 최첨단 훈련 중에 "한 대 빨고 하자"라는 간부의 한마디는 그 어떤 PX의 냉동식품보다 꿀맛 같아 보였다. 물론 나는 그 꿀맛 없이도 입에서 단내가 날 때까지 계속 삽질을 멈출 수 없었다. 군대에선 흡연자들이 담배 피우며 쉴 때 나는 계속 삽질만 반복했고, 회사에선 흡연자들이 담배 피우며 쉴 때 나는 계속 키보드 질을 할 수밖에 없었다.

"억울하면 피우든가"라는 선배의 말에 술기운을 빌어 한 번 들이켜도 봤지만, 내 깨끗한 폐를 전체 공개하기 직전까지 격한 기침에 시달린 후에야 깔끔하게 포기하게 되었다. 대신 적절한 휴식 없이 떨어지기만 하던 업무효율을 올리기 위해 나는 나름의 생존 스킬 몇 가지를 익혔다.

1. (초급) 상사가 담배 피우러 나간 후에 나갔다가, 상사가 들어오기 전 돌아오기

전통적인 흡연자들은 한 번 나갔을 때 딱 한 대만 피우지 않는다. 특히 전자담배의 경우는 감칠맛이라는 게 있어 한 번에 2~3개는 보통이다. 그 타이밍만 잘 노린다면, 당신은 상사의 시점에서는 자리에서 단 한 번도 일어난 적이 없던 것처럼 바람을 쐬고 올 수 있다.

2. (중급) 흡연자의 기준에 맞춘 핑계를 제시하여 내 휴식에 당위성 부여하기

아무리 상사의 동선에 맞춰 이동해도 입구, 엘리베이터에서 마주치는 경우가 반드시 생긴다. 그럴 땐 당황하지 말고 흡연자의 기준에 맞춘 논리 제시를 통해 "나 역시 당신과 같이 적정한 휴식 취하고 왔다"는 설득을 해내야 한다.

ex.1) 고민 있는 동기가 담배 한 대 피우자고 해서 간접흡연하고 왔습니다.

ex.2) 담배 대신 사탕으로 당 충전하고 왔습니다.

그냥 "커피 마시고 왔습니다"나 "산책하다 왔습니다"라는 핑계는 '담배'와의 연관성이 전혀 없기에 흡연자 상사에게는 다이렉트로 '농땡이'로 인식될 확률이 높다. 때문에 담배와 연관된 핑계로 상사의 머릿속에 '나와 동일한 담배 휴식이구나'란 인식을 심어주는 게 중요하다.

변화는 작은 것에서부터 시작되니까

3. (상급) 흡연자 상사에게 선전포고하기

이 스킬은 나도 전설처럼 얘기로만 들었는데, "내게 부여된 업무량은 6시 퇴근 전까지 다 채울 터이니 그 사이의 자율적 휴식시간은 터치하지 말라!"라고 상사에게 직접 말했던 용감한 선배의 일화가 전해지고 있을 뿐이다. (그 선배는 이직했다.)

상기 스킬들이 별것 아닌 것처럼 보일 수 있지만, 나의 업무효율뿐 아니라 휴식 횟수대비 농땡이의 이미지도 고착화되지 않는 데 큰 역할을 했다. 나와 비흡연 레지스탕스들의 자체 평가이지만, 연말 실적평가를 보니 생각보다 잘 통했던 것 같다.

본인들은 수시로 들락거리며 담배를 피우면서, 비흡연자들에겐 자리를 지키라고 강요하는 고통사고 유발자들의 논리는 설득력이 없다. 본인의 책임을 다하는 모두가 동등한 권리를 누리는 상식적인 사회를 기대해 본다.

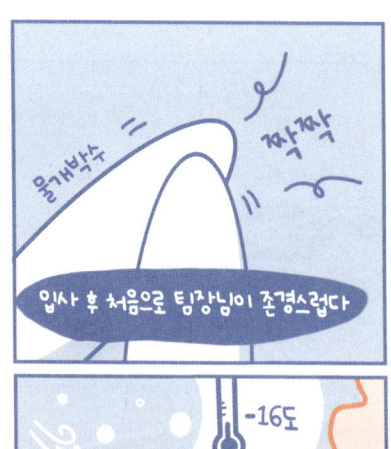

그 집념으로 업무를 해주세요

변화는 작은 것에서부터 시작되니까

행복의 알고리즘

유튜브는 위험하다. 침대에서 잠들기 아쉬워 잠깐 켰을 뿐인데, 열일 하는 Mr. 알고리즘 씨에 멱살을 잡혀 새벽 1, 2시까지 끌려가 본 적이 여러 차례다. 분명 난 '헬스 유튜버 김계란'를 검색했는데, 연관 검색어 같은 유튜브의 알고리즘을 타고 타고 또 타다 보니 '50년 전통의 간장계란 비법'을 침 흘리며 보고 있는 나를 발견하게 된다. 이런 유튜브의 최첨단 알고리즘만큼 한번 잡히면 빠져나오기 힘든 위험한 것이 있다. 바로 '불행의 알고리즘'이다.

우리의 뇌는 불행하고 우울한 생각 하나를 시작하면 꼬리에 꼬리를 물고 끊임없이 불행한 생각을 하게 만든다. '아까 왜 그런 선택을 했을까. 지난

번에 이렇게 했다면 그 문제도 없었을 텐데…….' 또는 '애초에 내가 돈이 많았다면 행복하지 않았을까? 결국 나는 앞으로 뭘 해도 안 될 거야'와 같은 부정적인 생각이 연달아 떠오른다. 과거에 대한 미련과 후회, 현재의 우울함, 그리고 미래에 대한 쓸데없는 걱정까지 말이다.

평소에는 깜빡깜빡하던 비루한 기억력도 불행한 기억과 감정을 떠올릴 땐 어찌나 또렷한지. 결국 불행한 감정의 작은 씨앗이 우리 삶 전체를 불행하다고 느끼게 만드는 것이다. 물론 사람마다 차이는 있겠지만, 이 불행한 느낌이라는 것이 또 희한하게도 자신을 드라마 속 비련한 주인공이 된 것 같은 기분이 들게 하는 증상이 있다. 과거에 얽매여 가슴에 상처 하나쯤 간직한, 고뇌하는 인간의 이미지에 취하는 것이다. 하지만 현실은 지지리 궁상맞은 비관주의자 꼴일 뿐이고, 불행에 관한 기억은 우울한 기분을 느끼게 하며, 결국 내 삶이 불행하다고 여기는 악순환을 반복하게 된다.

변화는 작은 것에서부터 시작되니까

우리는 이 불행의 알고리즘을 끊기 위해 다음의 두 가지 방법을 시도해 볼 필요가 있다.

1. 생각의 전원 끄기

유튜브가 아무리 재미있어도 내일 계획된 시간에 일어나기 위해선 앱 종료 버튼을 눌러야 한다. 불행의 알고리즘 역시, 행복하고 긍정적인 삶이라는 목적을 달성하기 위해서는 의식적으로 불행한 생각의 전원을 꺼버려야 한다. 물론 처음에는 쉽지 않겠지만, 지속적으로 생각 끄기를 연습하다 보면 어느 순간 더 깊은 우울감에 빠지기 전에 생각을 멈출 수 있다. 나의 경우는 머릿속에서 가위를 형상화하여 우울한 생각의 뿌리를 싹둑! 잘라 내거나, 상상 속 전원 버튼을 off로 딸칵! 내려버리는 이미지 트레이닝이 효과가 있었다.

2. 행복의 알고리즘 타기

우울한 생각의 고리 자체를 끊어내는 방법도 있지만, 행복한 생각의 연쇄작용을 통해 머릿속을 긍정적인 생각으로 덮어버리는 방법도 있다. 과거의 행복한 기억을 떠올려도 좋고, 현재의 행복을 찾아보는 것도 좋다. 미래의 행복을 맘껏 상상해 볼 수도 있다.

눈물로 눈앞이 흐려지더라도 그래도 밝은 세상을 볼 수 있는 두 눈이 있고, 과거는 바꿀 수 없지만, 현재와 미래는 바꿀 수 있는 나에겐 희망이 있다. 그러니 불행한 기억에 매몰되지 말고, 주변의 작고 큰 행복들을 더 많이 찾고 인지하고 감사하는 연습을 해보면 어떨까.

이런 행복 알고리즘에 한번 올라타 보자.

'점심으로 먹은 맛있는 메뉴 → 그걸 함께 먹었던 좋은 친구 → 그 친구와 많이 웃었던 여행 → 여행에서 보았던 화려한 불꽃놀이 → 불꽃처럼 환하게 빛났던 우리……'

이렇게 알고리즘을 따라가다 보면 우울했던 나의 기분도, 계속 불행을 파고들 뻔했던 지금 이후의 시간도 분명히 달라질 수 있을 것이다.

한 가지 팁을 더하자면, 본인의 기억을 기반으로 행복의 알고리즘을 타는 것도 좋지만, 좋아하는 유튜브 채널을 팔로우하듯 행복의 원천 몇 개를 정기적으로 활용해 보는 것도 도움이 된다.

맛있는 음식, 귀여운 동물, 취향에 맞는 음악,

새로운 취미 생활 등 나를 행복의 알고리즘으로 진입시킬 행복 채널들을 구독하고 필요할 때 찾아보면 좋다. 욕심이겠지만, 이 책 역시 당신의 행복 채널 중 하나가 될 수 있다면 더할 나위 없겠다.

"구독, 좋아요, 그리고 알람 설정 부탁드려요!"

행복의 알고리즘에 올라타 보자!

변화는 작은 것에서부터 시작되니까

포기를 아는 남자

"그래, 난 정대만. 포기를 모르는 남자."

시대의 역작 만화 〈슬램덩크〉의 명대사 중 하나이다. 내 또래의 남자들이라면 농구를 하다가 "난 포기를 모르는 남자!"라는 대사를 외치며 슛을 던져본 경험이 있을 것이다. 물론 공은 예쁜 포물선을 그리며 골대를 한참 벗어났지만…….

포기하지 않는다는 건 멋진 일이었다. 어떤 어려움에도 굴하지 않고 자기 뜻을 끝까지 관철하는 것. 만화나 영화 속 주인공들의 필수 덕목이었다. 하지만 나이가 들면서 체력은 줄고, 해야 할 일은 많고, 시간은 점점 빠르게만 흘러버리는 이 시기가 되니 포기한다는 것에 대해 다시 한번 생각을 하게 된다. 우리가 포기를 하지 못하는 이유는 보통 세 가지 정도가 있을 것이다.

1. 어떤 것을 너무나도 절실히 원하는 마음
2. 지금까지의 들인 시간과 노력, 본전 생각에 생기는 집착
3. 스스로 포기했을 때의 쪽팔림, 주변 시선에 대한 걱정

만약 포기하지 못하는 이유가 1번이라면, 어느 정도는 응원해주고 싶다. 하지만 2번과 3번이라면 진지하게 포기를 고려해 볼 것을 권한다.

사실 포기는 그렇게 나쁜 것이 아니다. 어려서부터 노출된 미디어나 교육 자료에서 마치 '포기=실패'로 동일시하게 만든 경향이 있어 그렇지, 포기는 실패와 달리 그 의사결정의 주체가 바로 나 자신이라는 점에서 의미 있는 일이 될 수 있다. 실패는 결정되어버리는 것이고, 포기는 내가 결정하는 것이기

에 우리는 '무조건 포기하지 않는 것'보다 '현명하게 잘 포기하는 것'의 중요성을 알아야 한다.

주식에 물린 사람을 예를 들어보자. 미래에 대한 많은 분석 지표들이 아무리 명백한 하락 신호를 보내고 있더라도 "내가 지금껏 들인 돈이 얼만데!" "시간이 얼만데!" "본전이라도 회복해야 하는데!" 하며 미련을 갖는 이들이 있다. 그러다 보면, 찾아야 할 본전은 갈수록 늘어만 가고 포기해야 할 시기를 놓친 만큼 고스란히 더 큰 기회비용을 떠안게 되는 것이다. 만약 손해를 봤더라도 빠른 판단으로 정리해 자금을 확보한 후 다른 곳에 투자했다면, 손해가 아니라 이익을 낼 기회를 얻었을지도 모른다.

내 예전 회사 동료의 경우, 안정적인 직장을 버리고 수능을 다시 치르는 결정을 내렸다. 취업에 들였던 시간과 노력이 아깝지 않냐는 주변의 얘기와 못 버텨서 도피하는 것 아니냐는 부정적인 시각에 힘들어하기도 했지만, 과감하게 포기하고 교사가 되기 위한 도전을 한 것이다. 결과는 뭐, 회사에서 단

한 번도 본 적 없을 정도로 행복하게 웃고 있는 그녀와 학생들의 사진만 봐도 알 수 있다.

　결국 현명한 포기는 '실패'가 아니며 또 다른 목표를 위한 '기회'로 볼 수 있다. 양손 가득 사탕을 움켜쥔 아이가 다른 접시의 마시멜로를 더 주워 들지 못하듯 집착이나 미련, 눈치로 포기를 주저한다면 과거와 현재, 동시에 미래의 기회까지도 놓칠 수 있다는 것을 명심해야 한다.
　"포기는 배추김치 담글 때나 쓰는 말"이라는 유우머가 있다. 하지만 요즘 같은 시대에 개인이 김치를 담가 먹는 것은 결코 쉬운 일이 아니다. 그러니까 앞으로 '포기'는 지금 손에 쥐고 있는 것에 대한 집착, 미련, 걱정을 확 담가버리고 더 나은 기회, 미래, 희망을 찾을 때도 쓰는 말로 하자.

더 멋진 걸 만날 수도 있으니까

마음가짐의 묘미

아내와 저녁 식사를 마치고 집으로 들어오는 길, 아파트 1층 현관문 앞에서 아내가 갑자기 멈춰 섰다. 와인 탓인지 아내가 나를 지긋이 바라보는 눈빛이 더 사랑스러웠고, 나 역시 아내의 눈을 바라보며 약 2초간 눈빛 교환을 하고 있었다. 하지만 3초쯤 되는 순간 서로를 향한 눈빛은 '사랑'이 아닌 '기대감'이었다는 것을 눈치챘고, 아내와 나는 동시에 외쳤다.

"아파트 키 없어?"

그렇다. 나는 아내가 챙긴 줄 알았고 아내는 나를 믿고 있었던 것이다. 어쩔 수 없이 경비실에 호출

해서 현관문을 열어달라고 부탁드리려는데, 호출벨 BGM이 전곡 재생될 동안에도 경비 아저씨는 응답이 없었다. 어쩔 수 없이 현관문 앞에 서서 오고가는 주민이 있는지 기다리는 수밖에 없었다. 그런데 평소에는 그렇게 많던 사람들이 다 어디 갔는지, 15분이 넘게 단 한 명도 오가질 않는 게 아닌가.

'어휴! 바보같이 왜 키를 놓고 나와서 이 고생인지…….'

밖에서 버리는 시간이 길어지며 짜증은 점점 고조되고, 엎친 데 덮친 격으로 생리 현상의 파도가 넘실넘실 신호를 보내기 시작했다. 슬슬 스스로에게 화가 치밀었다.

그때 내 짜증 어린 표정을 읽은 건지, 갑자기 아내가 말을 건넸다.

"하늘에 달이 예쁘게 떴네! 집에 바로 못 들어간 덕분에 이렇게 예쁜 달도 보고 소원도 빌 수 있겠다!"

　그러고는 "어차피 여기서 화내고 있어 봤자 바뀌는 것도 없으니까 산책이라도 다녀올까?"라고 물었다.
　나는 그 제안에 수긍했다. 물론 짜증이 난 상태였지만, 어차피 당장은 들어갈 수도 없고 카페 화장실을 빌려 쓰는 편이 더 현명한 생존 전략일 수 있을 테니…….

　그렇게 예정에 없던 밤길을 아내와 단 둘이 손을 잡고 걷게 되었다. 선선한 공기와 기분 좋은 바람, 조용한 동네 길의 분위기와 환하게 비추는 달은 '늑대 인간'을 변신시키는 달과는 반대로 나를 순한 '양 인간'으로 바꿔주는 것 같았다. 참 신기하게도 도란도란 얘기하며 걷다 보니 언제 화가 났냐는 듯 분노도 사라지고 없었다.
　다시 아파트 입구로 돌아가면 경비 아저씨가 웃음 짓고 계실 것만 같은 마냥 좋은 기분이 피어

올랐다. 막상 입구에 다다르니 여전히 경비 아저씨의 모습은 보이지 않는 채였지만, 이전과는 달리 마음의 여유도 생기고 '어디 한 곳 더 걷다 오면 되지' 하는 긍정적인 생각까지 들었다. 그런 내 마음이 반영됐는지, 위협적인 신호를 보내던 생리 현상의 파도도 잠잠해진 상태였다.

그때였다. 마치 영화에서 구원자가 등장할 때의 후광 효과처럼 저 멀리서 눈부시게 환한 빛이 우리를 향해 다가오는 것이 아닌가! 바로 '배달의민족' 오토바이의 헤드라이트였다. 아내와 나는 서로를 쳐다보고는 기대감을 입가에 가득 머금은 채 중얼거렸다.

"제발 우리 동 배달이어라!"

배민 라이더는 오토바이를 세우고 잠시 두리번거리더니 이내 우리 동 현관문으로 다가와 인터폰을 걸었고, 그렇게 장시간 굳게만 닫혀 있던 현관문은 경쾌한 소리와 함께 우리 부부의 입장을 허하여 주었다. 그렇게 40분가량의 집 밖 감금은 해피엔딩으로 종료됐다.

    살다 보면 예상치 못한 문제 상황을 많이 겪게 된다. 내가 원인인 경우도 있고 고통사고 유발자들과 같은 선을 넘는 자들에 의한 일들도 있다. 하지만 그중 대부분은 우리가 걱정하거나 분노하는 것보다 훨씬 더 가볍고 별일 아닌 경우가 대다수다. 마치 오늘 아파트 카드를 잊었던 것에 내가 대로할 뻔했던 것처럼 말이다. 물론 집에 가스 불을 켜놓고 나왔거나 나의 생리현상이 생과 사를 가르는 상황이었다면 나 역시 더 흥분했을 것이다.

    하지만 지나고 보니 이는 전혀 심각하지 않은 상황이었고, 단지 나 스스로 문제를 확대 해석하고 자신을 비난하며 짜증을 냈던 것뿐이었다. 그러니 우리는 어떤 문제 상황을 직면할 때 이것이 정말 내가 분노해야만 하는 일인지, 내가 바꿀 수 있는 일인지 구분할 줄 알아야 한다.

변화는 작은 것에서부터 시작되니까

내가 분노하고 흥분해서 해결에 도움이 되는 일이라면 모르겠지만, 대부분은 문제를 인지한 시점에서 이미 과거의 선택을 바꿀 수 없기 때문이다. 과거로 돌아갈 수 없다면, 우선 그 상황을 있는 그대로 받아들이자.

그렇게 한 후 내가 바꿀 수 있는 유일한 한 가지, '문제 상황을 대하는 내 마음가짐'만 바꾸면 되는 것이다. 마치 내가 자책하며 짜증으로 지새울 뻔한 시간을 아내와 함께 즐거운 동네 산책 시간으로 바꾼 것처럼 말이다.

앞으로는 당장 어려운 상황에 직면해 일이 잘 안 풀린다고 분노나 후회에 빠지기보다는, 오히려 한숨 돌리고 별것 아니라는 마음으로 다른 곳을 둘러보는 시간을 가져보자. 그러다 보면 지금의 위기가 내 생각보다 큰일이 아니었음을 알게 되는 여유가 생기고, 세상 끝날 것 같던 많은 걱정도 대부분은 기우였다는 것을 확인하게 될 것이다. 거기다 예상치 못한 문제를 더 예상치 못한 상황이 해결해

줄 수도 있으니(배민 라이더가 우리를 구한 것처럼), 이 또한 인생의 즐거운 묘미 아니겠는가?

변화는 작은 것에서부터 시작되니까

당근이세요?

월 평균 1,600만 명이 사용하는 야채 마켓이 있다? 감이 좋은 분들은 눈치챘겠지만, 중고 거래 앱 '당근마켓'의 이야기다. 요즘 이 앱을 이용해 종종 거래를 하고 있는데, 새로 고침 한 번에 새 물건들이 좌르륵 올라오는 것을 보면 확실히 중고 거래의 매력에 빠진 사람들이 많은 것 같다. 나 역시 그 맛에 중독되어 당근마켓에 올리기 위해 집안의 팔 것을 찾아 헤매는 지경에 이르렀다.

가끔 중고 거래를 즐기는 친구들끼리 서로의 매출을 비교하기도 하는데, 지난주 25,000원 매출로 1등을 한 친구가 뜬금없이 토론의 화두를 던졌다.

"우리 이렇게 중고 거래에 열심인 이유가 뭘까?"

주장 1. 배우자 몰래 비자금을 만들 수 있는 유일한 수단이다.

용돈을 받아쓰는 경우 중고 직거래는 비자금 조성의 한줄기 빛 같은 수단이다. 현금으로 구매 시 DC 조건으로 현금거래를 유도하면 계좌에 흔적을 남기지 않고 비자금을 만들 수 있다. 물론 의심받지 않도록 우유 심부름 나왔을 때나 담배 피우러 나온 5분 안에 거래를 마치는 것이 중요하다.

주장 2. 사람의 온기를 느낄 수 있다.

결혼 후 인간관계는 한정이 되는 편이라, 배우자나 늘 연락하던 사람들 외에 새로운 사람과 문자를 주고받을 일이 많지 않다. 때문에 가끔 구매 문자나 판매 알람이 오면, 괜히 내가 인기인이나 된 듯 핸드폰의 진동을 만끽할 수 있다.

또 아내가 시켜서 팔러 나간 남편이 아내가 시켜서 사러 온 남편과 만나 둘 다 물건이 뭔지, 가격이 얼만지도 몰라서 서로 웃어버렸다는 웃픈 실화도 있다. 이렇게 사람 냄새 풀풀 나니 매력적인 것이 당연하다.

변화는 작은 것에서부터 시작되니까

주장 3. ……까지 하기에는 다들 동시에 눈에 뭐가 들어갔는지 시야가 흐려져서 토론은 그만두었다.

두 가지 주장 모두 공감되고 일리가 있지만, 내가 생각하는 중고 거래에 중독되는 가장 큰 이유는 바로 '성취감'이다.

앞선 에피소드에서도 다뤘지만, 어른이 되면 막상 '칭찬'을 받거나 '성취감'을 느낄 일이 많지 않다. 주기적으로 시험을 봐서 학업 성취감을 느끼는 것도 아니고, 공모전에 도전하여 상을 타는 경우도 많지 않다. 그저 열심히 성실하게 일해서 한 달에 한 번 월급은 받는 생활인데, 막상 그 월급마저도 신기루와 같이 통장에 잠시 찍혔다가 전국 각지로 퍼 날라진다. (제발 그만해, 내 잔고 다 죽어…….)

그러다 보니 우리는, 어떤 노력을 들인 후 눈에 보이는 보상을 즉각적으로 받아 성취감을 느낄 일이 별로 없다.

반면 중고 거래의 과정을 살펴보자. 물건의 먼지를 잘 닦아내고 사진을 찍은 후 판매 사이트에 올린다. 1등으로 구매 문자를 보낸 사람과 거래 일정과 가격을 협의하면, 거래 완료시 즉각적으로 내 손에 돈이 쥐어진다. 거기다 앱에서 친절하게 응대만 잘하면 상대의 칭찬 코멘트와 함께 명예로운 '활동 배지'도 받을 수 있다니……. 이보다 쉽게 즉각적인 성취감을 얻는 일도 드물 것이다.

직장에서 높은 자리에 오르거나 나의 사업을 성공시키는 것, 또는 내가 만든 창작물이 대중의 큰 호응을 얻거나 어려운 국가시험에 합격하는 등의 큼지막한 성취는 마치 마라톤 같은 우리 인생에서 큰 골인 지점 중 하나다. 하지만 그 지점에 도달하기까지 우리는 길고 긴 인생의 길을 달려야만 하며, 그 끝만 보고 하염없이 달리기엔 중간중간 다리 풀리는 고통사고들이 너무나도 많다.

그렇기에 노력과 보상이 명확하게 눈에 보이는 일상 속 작은 성취는 우리가 긴 인생을 달려가는 데 지치지 않도록 중간중간 힘을 주는 에너지 음료 같은 역할을 해줄 것이다. 남들이 느끼기에 대단하지 않아도 좋다. 일상의 권태로움을 이겨내고, 작은 성취를 통한 동기부여로 오늘을 더 잘 살아 낼 수 있게 한다면 그것으로 충분하다. 일상에 즐거움을 지펴 줄 성취감의 씨앗을 당신도 심어보시길.

    오늘도 소소하지만 값진 성취를 이루기 위해 외쳐본다.

"당근이세요?"

오늘의 특별 보상

등교와 출근, 이 두 가지의 공통점은 무엇일까? 바로 '하기 싫다'는 것이다. 만약 등교가 너무 기다려지거나 출근이 행복하다면, 아마 뭘 모르는 첫날이라 기대감이 크거나, 그곳에 썸 타는 사람이 있거나, 혹은 남들과는 약간 다른 사상의 소유자일 가능성이 있다.

    등교와 출근의 또 다른 공통점은? 바로 '싫어도 해야 한다'는 것이다. 의무 교육은 마쳐야 하므로, 먹고 살아야 하므로 그 어떤 이유에서도 우리는 가기 싫어도 가야만 한다. 초등, 중등, 고등, 대학, 회사까지 우리는 수십 년간 매일 아침 괴로움에 몸부림치며 아령보다 무겁다는 눈꺼풀을 들어 올리며 학교로, 일터로 여정을 떠나야 한다.

그렇다면 그 '하기 싫음'을 '하고 싶음'으로 바꿀 수 있을까? 대학 생활 내내 밤새 게임을 하며 코피를 흘리던 학교 동기도 게임 회사에 입사하고 나니 이제 그만 로그아웃 하고 싶다는 문자를 보내왔고, 그림 그리는 걸 너무 좋아하던 중학교 짝꿍도 작가가 된 후론 의뢰받지 않은(돈이 되지 않는) 그림은 잘 그리지 않는다고 했다.

이렇게 좋아하던 것도 '일'이 되면 싫어지기 마련인데, 그럼 우린 각자의 일터에서 괴로움만 겪어야 할까? 대답은 '아니다'이다. 등교나 출근이 그냥 좋아지긴 당연히 어렵겠지만, 등교하면, 출근하면, 얻을 수 있는 나만의 '특별 보상'이 있다면 어떨까?

예를 들어 출근을 해내야만 마실 수 있는 비싸고 맛있는 브랜드의 커피, 등굣길에 가장 빨리 볼 수 있는 어제부터 궁금했던 웹툰, 월요일에만 지르기로 나 자신과 약속한 장바구니 속 물건들 등 하기 싫은 일을 해냈을 때 주어지는 보상을 스스로 설정해 놓고 절제와 보상의 명확한 법칙을 만드는 것이다. 이를 통해 우리는 생활밀착형 셀프 동기부여 시스템을 구축할 수 있다.

주말에 주문한 택배 수령처를 회사로 지정하고 회사에 가서 상자를 뜯을 기대감으로 월요병을 이겨낼 수 있다면 이보다 효과적인 시스템이 어디 있겠는가?

나 역시 이 원고를 마치고 나면 내가 정해 놓은 '1시간 게임'이라는 특별 보상이 기다리고 있다. 물론 아내의 눈치라는 막판 보스가 있긴 하지만……. 그러니 속는 셈 치고, 당장 내일부터 등교 또는 출근하면 얻을 수 있는 작은 보상 하나씩을 생각해보자. "이런 게 효과 있겠어?" 하면서도 평소엔 무겁던 눈꺼풀이 아침에 한결 가벼워짐을 느낄 수 있을 것이다.

이런 하루하루의 특별 보상들이 모여, 우리 삶 전체를 특별히 행복하게 만든다고 믿는다.

변화는 작은 것에서부터 시작되니까

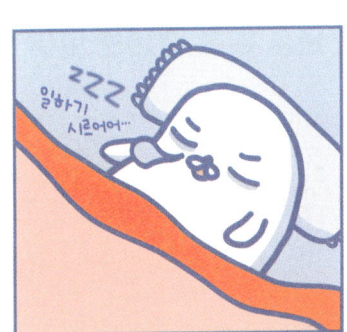

동(둥)기 부여의 좋은 예

과정 없는 결과는 없어

"과정이야 어쨌든 결과가 중요하지!"

쪽잠도 아껴가며 고생하고 고민해 장기 프로젝트를 완료했는데, 상사는 결과가 성에 차지 않는다며 그 과정 모두를 평가절하 해버렸다. 기분은 더럽지만 어느 정도 일리는 있다. 성과를 내야 하는 조직이니 결괏값에 의해 성패가 결정되기 마련일 것이다. 거기다 과정은 정량적 평가가 어렵지만, 결과는 수치로 증명되기 더 쉽기도 하니까.

하지만 정말 과정이 중요하지 않을까? 지금부터 상상 속에서 드라이브를 시작해보자. 내비게이션에 목적지를 찍고 시동을 걸면 차가 출발한다. 기분 좋은 엔진의 떨림이 몸으로 전해진다. 그림같이 푸른 하늘, 길 양쪽의 형형색색 단풍, 라디오에서 흘러나오는 음악에 기분이 들뜬다.

이런 곳도 있었구나, 이쪽이 더 빠른 길이구나, 이 길은 내비 업데이트가 안 되었구나. 막히는 길은 피해서 가고, 모르는 길은 중간중간 물어가며 문제를 해결하다 보니 목적지에 잘 도착했다.

사고 없이 안전하게 잘 도착한 당신에게 저 멀리서 상사가 한달음에 뛰어오더니 "왜 이렇게 오래 걸렸어!"라며 당신의 지난 여정은 아무 의미 없다고 말한다. 힘이 빠진다. 고통사고다.

자, 이제 상상의 차에서 내려보자. 분명히 당신은 빠르게 목적지에 도착하진 못했다. 하지만 쉬지 않고 달려오며 많은 문제를 해결했고, 그 과정에서 보고 느끼고 배운 점도 많았다. 이 과정이 정말 무의미했을까? 당연히 아니다.

회사의 성장도 결국 조직원의 성장이 근간이 되어야 한다는 점에서 이 과정은 결코 무의미한 것이 아니다. 오히려 결과와 함께 고려돼야 할 중요한 요소다. 물론 앞에 이야기했듯 측정이 어려운 부분이 있겠지만, 그렇기에 관리자는 직원들이 경험하는 과정에 더 신경 쓰고 세심하게 살펴야 진정한 조직의 성장에 이바지할 수 있을 것이다.

보통 과정에 공을 들이고 정성을 쏟을수록 그 결과가 만족스럽지 못했을 때 느끼는 자괴감과 상실감은 커진다. 이럴 때 그 과정과 노력에 대한 인정 없이 부족한 결과만으로 비난받는다면, 우리는 그 시도 자체를 점점 기피하게 될 것이다. 결국 새로운 과정도, 도전도 없이 안전한 현실에만 안주하게 된다는 것이다. 따라서 우린, 관리자들의 섣부른 평가에 실망하고 자학하기보다 우리가 지나온 과정에서 경험한 모든 것들의 가치를 스스로가 더 높이 평가할 수 있어야만 한다.

인생은 길다. 지금 당장 좋지 않은 결과로 보이는 것들도 삶을 긴 여행으로 보면 하나의 작은 과정 조각들에 불과하다. 그 조각들이 모여 내 인생의 가치 있는 퍼즐이 완성되는 것이다. 그러니 지금 당장의 결과에, 그 결과만을 놓고 내린 편협한 평가에 연연하지 말고 조금은 길게 생각해 보자. 가치 있는 과정들은 분명히 있었고, 그것들이 모여 언젠가는 내가 걸어온 길만큼의 경험이 축적된 의미 있는 결과를 만들 것이다.

변화는 작은 것에서부터 시작되니까

NO. 3

고통사고 대처 보고서

작성자: 물깽

사고발생일	Everyday
사고발생지	Everywhere

· 주변 환경을 바꿔야 인생을 바꿀 수 있다.

· 마음가짐의 변화가 우리 삶의 성취 만족도를 높인다.

· 흡연자들의 담배 타임처럼 휴식 스킬이 필요하다.

· 행복한 생각이 모여 행복한 인생이 시작된다.

· 현명한 포기의 또 다른 말은 '기회'이다.

· 문제의 크기를 결정하는 것은 그 상황을 대하는 나의 마음가짐이다.

· 일상 속 작은 성취감이 긴 인생을 지탱한다.

· 스스로 설정한 작은 보상도 삶에 좋은 동기부여가 된다.

· 결과에 상관없이 모든 노력과 과정에는 가치가 있다.

모두가 같은 속도로

달릴 필요는 없어

행복이 뭐 별건가

"대체 이 나이 되도록 뭐했지?"

생활관찰형 프로그램들이 한창 인기를 끌던 때, 미디어를 도배한 '영앤리치'들의 호화로운 삶을 보다 보면 '저들이 어린 나이에 저렇게 성공할 동안 나는 뭘 했을까?' 의문이 들었다. 분명히 나도 한평생 큰 어긋남 없이 열심히 공부하고 뼈빠지게 일하며 나름 성실하게 살아왔는데, 한숨 돌리며 돌아보니 뭐 이렇게 모아놓은 부가 없는지 허탈했다.

학생 때 그렸던 어른이 된 나의 모습은 예쁜 강이 보이는 마당 있는 2층 집 거실에서 왼손은 족보 있는 혈통의 골든 리트리버를 쓰다듬으며 오른

손에는 값비싼 커피잔을 들고, 왜인지는 모르지만 영자 신문을 읽으며 부드럽게 미소 짓는, 뭐 그런 여유로운 중년의 삶이었다.

하지만 현실은 대출금리 0.1% 차이에 주거래 은행을 부리나케 옮기고 물건 하나 사겠다고 쇼핑몰 최저가를 이리저리 비교해보는, 경제적인 면에서 평범하디 평범한 삶을 살고 있다.

솔직히 화가 났다. 꼭 연예인과 비교할 것도 없었다. 비교 대상은 주위에도 널렸다. 도피유학 갔던 친구는 아버지에게 꼬마빌딩을 물려받았고, 술만 마시던 후배는 코인이 대박나 회사를 취미로 다니고 있었고, 게임 중독이던 선배는 살던 집값이 열배가 뛰어 대박이 났다고 한다.

누군가는 적게 일해도 나보다 훨씬 큰돈을 벌고, 누군가는 태어난 것만으로도 훨씬 큰 부를 예약해 놓았다. 마치 내가 자전거를 타고 허벅지 터져라 페달 질을 해봤자 속도는 50km밖에 안 나오는데, 옆에서 누군가 할리데이비슨을 타고 150km 속도로 부아아앙 앞질러 가는 것 같은 느낌이었다.

한참을 혼자 씩씩댔더니 배가 고파져서 앱을 켰다. 세상에 맛있는 건 또 왜 이렇게 많은지, 화가 나는 만큼 많이 먹겠…….

"오! 3,000원 할인 쿠폰!!"

쿠폰을 다운받고 장바구니에 이것저것 신나게 담던 중 싱거운 의문이 들었다.

'근데…… 나 진짜 불행한가?'

어제 저녁 나는 아내와 함께 광장시장의 신선한 육회 사시미를 먹고, 나오는 길에 달달한 꽈배기 하나씩을 입에 물고 이게 '찐 행복'이라며 헤벌쭉 웃음 지었더랬다. 며칠 전엔 구하기 힘든 게임을 당근마켓에서 싸게 샀고, 퇴근 후 즐길 생각에 월요병조차 느끼지 못했다. 큰돈은 아니라도 매월 불우아동을 위한 후원금을 보내고, 어린이의 웃는 사진을 받아보며 벅찬 기분을 느끼기도 한다.

'뭐야? 나 나름 행복하게 살고 있네?'

성공의 기준을 돈으로 삼고 남들과 비교했을 때, 나는 내 나이보다 적은 부의 성취가 부끄러웠다. 크게 잘못이라고 생각하지 않으면서도 무엇이 문제인지, 내가 뭐가 부족한지 스스로를 책망했었다.

불행의 시작은 결국 '비교'가 아닐까. 만약 내가 주식이 대박이 나고 집값이 천정부지로 올라 경제적으로 풍족한 상황이 된다 하더라도 20대 때 억만장자가 된 마크 저커버그나, 연봉 100억을 받는 손흥민 선수와 비교하고 자책하기만 한다면 삶은 부의 규모와 상관없이 슬프고 힘들어질 것이다.

비교는 내가 충분히 바른 길로 잘 달리고 있음에도 더 빠른 차들만 보고 스스로 느리다며 자책하는, 그런 미련함의 씨앗인 것이다. 내가 정말 좋아하는 '심슨 가족'에 이런 대사가 나온다.

"인생은 고통과 고난으로 가득해. 하지만 (행복의) 요령은 순간에 주어진 몇몇 완벽한 경험들을 즐기면 되는 거야."

결국 행복은 남의 속도와 비교하거나 대박만 기다리는 것이 아닌 나의 속도로 달리는 순간순간을 즐기는 것이다. 평생 될까 말까 한 로또 한 방만이 행복이 아니라 매일 뜨는 5%, 10% 쿠폰과 같은 행복이랄까? 확실히 로또를 잘 안 사는 나로서는 후자가 더 낫다.

그러고 보니 오늘도 이 원고의 끝이 보여 참 행복한 기분이다. 저녁으로는 좋아하는 양념치킨을 시켜 치밥도 비벼먹을 예정이다. 확실히 지금 이 순간 나는 행복하다.

모두가 같은 속도로 달릴 필요는 없어

남의 행복을 부러워하기보단,
내 행복을 만끽하기

아웃스타그램

인스타그램을 아예 안 하는 사람은 있어도 한 번만 하는 사람은 없다. 지친 몸을 이끌고 기어 오다시피 퇴근을 한 날에도 습관적인 인스타 접속 상태가 되어버리는 나로서는 상당히 공감되는 얘기이다. 사실 하루 일과가 고될수록 그 보상심리로 본격적으로 놀아보자는 다짐을 하곤 하는데, 인스타그램을 하다 보면 어영부영 12시가 되어버려서 억울한 마음으로 잠자리에 든 적도 많다.

솔직히 나는 인스타그램이라는 소셜 미디어가 가히 천재적인 앱이라고 생각한다. 남들이 어떻게 사는지 궁금해하는 관음적 욕구와 내가 어떻게 사는지 보여주고 싶은 과시적 욕구 두 가지를 모두 정확히 관통했다니, 그것도 독해할 필요 없는 심플하고 강렬한 이미지 한 장으로 말이다. "이건 못 참지"란 말이 절로 나올 만하다.

통계를 보면, 한국인 4명 중 1명은 인스타그램을 한다고 하는데 안 그래도 남들이 나를 어떻게 보는지를 중요시하는 우리나라 사람들이 이렇게 보는 눈이 많고 좋은 화질로 나를 뽐낼 수 있는 기회를 놓칠 리가 없다.

하지만 높은 인기만큼 경계할 만한 현상도 종종 발견된다. 자랑 글을 경쟁적으로 업로드하는 분위기 속에서, 몇 유저들은 본인의 부나 인맥, 특별한 경험들을 과장하는 경향이 생겼다. 이미지가 중심이 되는 인스타그램 특성상 본인의 사진이나 몸을 과도하게 보정해 자신의 본 모습을 사랑하는 법을 잃어가는 이들도 생겼다. 사진 속 쇠기둥이 얼굴 턱 선에 따라 휘어버린, X맨 초능력급의 인터넷 밈들이 있는 것도 같은 맥락이다.

물론 순수하게 나의 소중한 경험을 공유하고 어떨 때는 조금 자랑도 하는 용도로 적당하게 활용하는 것은 좋다. 하지만 남에게 보여지는 모습과 댓글 등의 반응에 자꾸 집착하다 보면, 자신을 실제와 다른 왜곡된 모습으로 포장하며 그 수위와 빈도가 점점 과해질 수 있다. 그러다 보면 진정 가치 있는 나의 내면보다는 외적인 부분에만 신경쓰게 되고, 인생의 행복한 순간을 즐기고 감사하기보다는 남들에게 보일 인증샷에 집착하느라 오히려 그 순간의 행복을 망치는 경우도 생긴다.

며칠 전 우동 맛집에서 옆자리 커플이 금방 나온 음식을 10분 넘게 요리 조리 촬영하고 보정하다가, 막상 먹을 때는 음식이 식었다고 구시렁거리던 모습도 그런 주객전도의 전형이라 볼 수 있다.

우리는 다양한 재미를 주는 인스타그램을 현명하게 이용은 하되, 가상의 행복을 인증하느라 진짜 행복의 증인이 될 순간들을 놓쳐서는 안 될 것이다. 더욱이 SNS에 올려져 있는 타인의 과장된 행복에

현혹되어 남의 인생의 하이라이트와 내 인생의 인트로를 비교하며 자학하는 미련한 일도 없어야 한다. 현명하게 '아웃스타그램' 하면서 내면의 가치를 높이고 진짜 본질적인 행복에 더욱 집중한다면 우리는 필연적으로 자신만의 빛나는 하이라이트를 맞게 될 것이다.

가끔은 프레임 밖으로 벗어나 보자

모두가 같은 속도로 달릴 필요는 없어

벼는 익을수록 고개를 든다

"벼는 익을수록 고개를 숙인다"는 속담이 있다. 지위, 지식, 능력 등이 뛰어날수록 더 겸손해야 한다는 말이다. 하지만 우리는 벼가 아니다. 벼는 들판에 가만히 숙이고만 있어도 때가 되면 농부가 와서 추수해 주고, 용도에 맞게 가공되어 결국 맛있는 쌀이 되는 벼 인생 최대의 성취를 자연스럽게 이룰 수 있다.

사람은 어떨까? 가만히 숙이고 있으면 가마니로 보고, 보자 보자 하면 보자기로 보이기 십상이라는 게 학계의 정설이다. 특히 강한 자에게 약하고 약한 자에게 강한 전형적인 고통사고 유발자들에게 고개 숙인 사람의 텅 빈 정수리는 공격하기 쉬운 급소에 불과하다.

자신이 능력이 있고 작은 성취라도 이뤘다고 판단한다면, 남 눈치를 보고 겸손하라는 세상이 정한 상한선에 묶어둘 것이 아니라 있는 그대로 보여주고 자랑할 필요가 있다. 그리고 그에 반응하는 세상과 사람들의 인정을 통해 우리의 자존감을 높이는 기회로 삼아야 한다.

보통의 대한민국 사회생활은 모래시계 모래 떨어지듯 차츰차츰 자존감이 깎이게 되는 커리큘럼으로 촘촘히 구성되어 있으므로, 반드시 기회가 있을 때 본인의 자존감을 높이는 데 힘써야 한다.

'겸손'의 의미 역시 지금 시대에 맞게 해석해볼 필요가 있는데, 원래 겸손은 "남을 대할 때 거만하지 않고 공손한 태도로 자기 몸을 낮춤"이라는 뜻이다. 하지만 상대를 높이기 위해 굳이 자신을 낮출 필요는 없다. 내가 지하 1층으로 내려간다고 해서 1층에 함께 있던 상대가 높아지는 것은 아니며,

오히려 내가 2층으로 올라가 상대를 2층으로 올려 준다면, 그제야 상대도 높아진다고 느낄 것이다. 자신의 강점과 당당함을 유지하면서도 충분히 상대를 배려할 수 있다는 말이다.

상대방 역시 굽실굽실 쭈구리인 나보다, 당당하고 자신감 충만한 나의 응대를 더 높은 존중의 의미로 받아들일 것이다. 그러니 시대를 역행하는 고개 숙인 벼와 같은 행동은 멈추도록 하자. 전통적 개념의 '겸손'이라는 허울에 스스로 갇혀 자기 PR의 기회를 놓치고, 상대방을 높이기 위해 나의 자존감을 낮춰서는 안 된다.

자만하지 않는 선에서 자신의 강점을 분명히 보이고 당당하게 인정받는 문화가 우리를 더욱 성장시킬 것이다. 우리는 이미 대한민국이라는 다사다난한 들판에서 온갖 풍파를 잘 견뎌왔고, 각자의 굵은 결실을 맺은, 스스로 자부심을 가질 만한 사람들이다.

"우리 잘 익은 벼들이여, 고개를 들라!"

내 몸에 맞는 옷

나는 일 욕심이 있는 편이다. 위에서 시키는 것만 그대로 수행하기보다는, 뭔가 다른 방향은 없을지 고민하고 바꿔 보는 것을 좋아한다. 대학 전공으로 광고를 선택한 이유도 그랬고, 13개의 광고제, 공모전 수상도 그런 욕심 덕분에 이뤄낼 수 있었다고 믿었다.

하지만 그런 점이 늘 좋은 평가를 받는 것은 아니었다. 어떤 관리자에게는 튀어 보인다는 얘기를 듣기도 했고, 욕심이 많다는 얘기를 한 사람도 있었다. 시킨 일을 안 하는 것도 아니고 새로운 것을 자꾸 시도해야 나의 존재가치를 증명할 수 있는 것이라 믿었기에, 통과되지 않는 제안들을 반복하며 나는 점점 지쳐갔다.

'이 좋은 아이디어를 안 쓴다고?' 요령 없이 일해 온 나로서는 아직 나의 가치를 알아봐 줄 사람을 못 만났을 뿐, 오히려 관습을 답습하며 안전하게만 일하려는 윗사람들이 더 탐탁지 않게 느껴졌다. '분명 나는 치열하게 고민하고, 다른 관점으로 보려고 노력하는데 왜 인정을 해주지 않을까?'

결국 내 자존감은 점점 바닥을 향해 내려갔고, 답답한 심정에서 오는 스트레스도 많아졌다. 하지만 뜻밖에도 협력사 팀장님의 퇴사 기념 술자리가 내가 생각하지 못했던 부분을 조금이나마 깨우칠 수 있는 계기가 되었다.

"그만두는 김에 솔직히 말씀드릴게요. 과장님의 아이디어나 일에 대한 책임감은 저희 팀원들 다 엄지 척인 거 아시죠? 하지만 말이죠. 김연아가 스피드스케이팅 경기장에서 아무리 트리플 악셀을 팽팽 돌아도 심사위원들의 점수는 없을 거예요. 스피드스케이팅은 빠름을 겨루는 경기니까요."

　무언가가 머리를 '딱' 때리고 간 느낌이었다. 곰곰이 생각해 보니 나는 스피드를 기대하는 조직 안에서 남들과 다른 묘기를 부리면서 '인정해 달라고! 칭찬해 달라고!' 생떼를 부린 셈이었다. 물론 스피드도 빠르고 묘기까지 잘 부린다면 최고였겠지만, 내 생각에도 난 '김연아느님'이 아니다.
　결국 나의 잘못도 조직의 잘못도 아니었다. 손가락 끝을 보라는 사람과 손가락 끝이 가리키는 곳을 보는 사람은 서로 답답할 수밖에 없던 것이다. 지난 10년간 '왜 받아들여지지 않을까?' 고민했던 시간들이 허망하게 느껴지면서도, 한편으론 20년이 되기 전에 알았으니 다행이라는 홀가분한 생각도 들었다.
　팀장님 역시 일반 기업을 다니다 나와 유사한 이유로 지금의 광고 회사로 옮기게 되었고, 개인 사유로 퇴사는 하지만 이 회사에서 정말 만족스러운 시간을 보냈다며 환한 웃음을 지었다. 부러웠다. 진심으로. 그날은 그 부러움의 크기만큼 원 없이 술을 마셨다.

나를 포함한 많은 직장인들이 이런 성장통을 한 번쯤 겪을 것이다. 자기 자리에서 최선을 다하고 본인의 업무 욕심에 책임을 졌음에도 불구하고 그에 걸맞은 인정이나 보상이 따르지 않는, 그런 억울한 경험들 말이다.

절대 우리의 노력이나 욕심 자체가 잘못된 것은 아니다. 다른 것을 틀린 것이라 지적하는 이들도 있겠지만, 그들 역시 조직에서 외면 받지 않기 위해 부품을 조직에 끼워 맞추려는 검수원에 불과하다.

그렇기에 우리는 그들의 지적질에 자존감을 낮출 필요 없다. 단지 우리가 가진 욕심이 스스로가 속한 조직에서 추구하는 방향과 다를 수 있다는 것을 인정하면 된다. 그 이후에 우리가 조직의 방향에 맞춰 서서히 순응할지, 혹은 방향에 맞는 새로운 기회를 찾아 나설지를 결정하면 되는 일이다.

맞지 않는 옷을 입는 것은 누구에게나 불편하다. 그러나 불편함을 느끼는 정도는 모두가 다르고 반드시 갈아입어야만 살 수 있는 것도 아니다. 하지만 나와 같은 욕심쟁이라면? 한 번쯤은 더 잘 맞는 옷을 찾아보는 것도 좋을 것 같다.

또 누가 아는가? 나에게 맞는 날개옷을 입고 하늘로 훨훨 날아오를지!

인생은 속도가 아닌 거리

나이가 들수록 시간이 빠르게 흐른다는 말이 있다. 20대는 20km, 30대는 30km, 40대는 40km 속도로 흐른다고들 한다. 결국 앞으로 우리의 1년, 1년은 점점 더 짧게 느껴진다는 것이다. 이제는 100세 시대라는데, 만약 시간이 100km로 슝 하고 사라져버린다면 아쉬움도 100배가 되어버릴 것 같다.

생각해보면 20대 때는 과음 후 눈 떠보니 다음 날 저녁이 되어 하루의 반을 날린 경우도 부지기수였고, 군대에서 3년이란 시간을 송두리째 삭제 당하기까지 했다. 그런데도 왜 그때는 지금보다 1년이 더 길고, 시간이 천천히 흐르는 것처럼 느꼈을까?

혹시 지금은 9시부터 6시까지 묶여 있지만, 당시엔 수업 시간이 자유로워서? 아니다. 그땐 영어학원에 알바까지 뛰느라 시간이 더 없었다. 그럼 상대성 이론에 의해 젊고 날렵한 몸으로 빠르게 움직여서 주변의 시간이 더 천천히 흘러갔던 걸까? 내가 DC 코믹스 히어로 '플래시' 같이 시간을 거스를 정도의 속도로 달린 게 아니라면 가능성 없다.

    이 의문스러운 시간의 비밀을 쫓다 지루해진 나는 습관처럼 들여다보던 핸드폰에서 실마리를 찾았다. 페이스북 앱에서 과거의 추억이라며 띄워준 사진 속의 나는 지금과는 달리 참 다채로운 모습이었다. 호프집, 공장, 학원, 옷가게 등을 누비며 아르바이트를 하는 나. 밴드, 광고학회, 성가대, 스윙 댄스 활동에 빠져있던 나. 권투, 수영, 골프, 헬스 같은 다양한 운동을 하던 나. 몸담았던 분야가 많았던 만큼 만나는 인연들도 많았다.

    365일이라는 길 위를 열심히 달리는 건 20대 때나 지금이나 똑같지만, 그때는 앞뒤 좌우 더 많은 풍경을 바라보고, 더 다양한 음악을 듣고 더 새로운 향기를 맡으며 현재라는 순간을 더 밀도 있게 즐기면서 달렸던 것 같다.

지금은 회사와 가정이라는 두 가지 목적지만 찍고 마치 경주마처럼 앞만 보고 달리다 보니, 지난달과 이번 달의 삶이 비슷하고, 하루하루가 똑같이 단조로워질 수밖에 없다. 어제와 오늘이 다를 것이 없으니 1년이 365일이 아닌 182일, 91일처럼 느껴지고, 기억의 다채로움이 적은 만큼 1년이 더 빠르게 지나가는 듯한 착각이 드는 것이다.

나름 최선이라 생각한 길을 한눈팔지 않고 달리다 보니 놓치고 있었다. 인생은 속도 경주가 아닌 풍경을 즐기는 여행이라는 것 말이다. 아무리 빠르게 달려봤자 주변의 경치를 모두 놓친다면 그 여정은 경주가 되어버린다. 나는 가장 먼저 목적지에 도달하기 위한 경주가 아닌 매 순간의 작은 행복을 발견하는 여행 같은 삶을 살고 싶다.

그렇게 더 많은 것을 보고 느낄수록 우리는 나이에 상관없이 더 충만한 매해를 보내게 될 것이다.

오늘부터 나이와 km 비례 공식은 시속의 km가 아닌 거리의 km로 바꾸기로 하자.

20대엔 20km까지만 보였다면, 30대에는 30km까지, 40대에는 40km 밖 더 멀리까지 많은 것이 보일 테니 말이다.

"와, 오늘 경치 참 좋다!"

속도보다 풍경을 즐기는 삶을 살고 싶어

우리 다음 신호에서 만나자

기대감이 컸던 만큼 실망감도 컸다. 주변에서 당연할 거라 얘기한 것과 달리 난 승진심사에서 똑 떨어지고 말았다. 올해 성과도 잘 냈고, 협력사와의 관계도 좋았고, 1년 동안 열심히 앞만 보고 달렸는데……. 실망감도 컸지만 부끄러움이 더 컸다. 다른 동기들보다 뒤처진다는 것이 마치 나의 능력 부족을 전사 공지로 모두에게 알리는 것만 같았다.

'대체 뭐가 문제였을까?'

답 없는 자문을 반복하며 스스로 우울함의 구덩이를 한 삽씩 파고 들어가고 있을 때 전화벨이 울렸다. 신입사원 시절 팀장님으로 모셨던 은사님이었다. 은사님은 내 목소리를 듣자마자 귀신같이 알아차리시고는, "음, 전화 받는 목소리 보니, 이번엔 안 된 모양이구나?"라고 말씀하셨다.

"많이 기대해 주셨는데, 죄송합니다……."
"너 뭐 잘못했어? 지금 혼자 궁상떨고 있는 건 잘못이니까 그 사과는 받을게."

은사님은 계속 꿍해 있을 거면 전화를 끊어버리겠다며 웃음기 어린 협박을 하셨고, 나는 그제야 오늘 처음으로 웃을 수 있었다.

"이건 오늘 네가 승진이 되든 되지 않든 꼭 해주고 싶었던 얘기야."

은사님은 젊은 시절 뛰어난 성과로 두각을 나타내며 동기들보다 빠른 승진을 하셨다고 했다. 마침 은사님을 아껴주셨던 임원분도 힘 있는 위치에

계셨기에, 은사님 역시 성과를 바탕으로 승승장구했고 동기 중 누구보다 빨리 관리직까지 맡으실 수 있었다. 동기들은 그런 은사님을 부러워했고 은사님 역시 앞서나간다는 우월감을 느끼셨다고 한다. 하지만 앞서가는 게 좋기만 했던 것은 아니었다. 아직은 경험이 부족한 채로 관리직을 맡으면서 더 많은 시행착오를 겪게 되었고 관리자들 그룹 사이에선 어리다고 은근한 무시를 받았다.

동기들을 관리하고 평가해야 하는 위치가 되다 보니 자연스럽게 동기들끼리의 커뮤니티에서도 소외되기 시작했고, 생각보다 거기서 오는 외로움에 많이 힘드셨다고 한다.

물론 직장인의 낙인 월급이야 동기들보다 많았지만, 더 많은 책임과 부담감의 값으로 생각하면 상대적으로 좋았을 뿐이지, 절대적으로 동기들보다 더 좋다는 생각이 드는 것은 아니었다. 거기다 관리직은 일반 직원들과 달리 계약직으로 분류되다 보니, 결국 CEO가 바뀌면서 동기들보다 먼저 자리에서 물러나시게 됐다.

모두가 같은 속도로 달릴 필요는 없어

"조금은 뻔한 얘기처럼 들리겠지만, 먼저 올라가면 먼저 내려오게 되어있고, 또 결국 한곳에서 만나게 되어있다. 내가 살아보니까 진짜 그렇더라."

도로를 달리다 보면 굳이 무리해서까지 앞으로 끼어드는 차나, 노란 신호일 때 갑자기 속력을 내 1초라도 빨리 가려는 차들이 있다. 하지만 다음 신호등에 걸려 둘러보면, 그렇게 앞질러 가던 차들이 바로 옆에 서 있기 마련이다.

결국 인생이란 도로 위의 우리 역시 비슷한 길을 달리며 비슷한 장소에서 다시 만나게 되어있다는 것이다. 꼭 같은 지위나, 같은 재산 수준을 말하는 것은 아니다. 서로 다른 위치에서 누리는 권한과 짊어져야 할 책임의 장단점을 더하고 빼보면 결국 사람 사는 것에 절대적 우위도, 절대적 열위도 없다는 이야기다. 내가 나의 길을 성실하게 정직하게 달려간다면 말이다.

은사님은 내가 승진했다면 절대 자만하지 말

라고, 승진을 못 했다면 절대 실망하지 말라고, 본인의 이러한 경험을 꼭 들려주고 싶으셨다고 했다.

"정말…… 진심으로 감사합니다!"

   30분가량의 긴 통화가 끝났다. 답답한 터널을 지나 차 유리창을 활짝 열었을 때 불어 들어오는 바람처럼, 내 마음의 우울함도 부끄러움도 홀가분하게 날아간 느낌이었다.
   그래, 승진은 목적지가 아니라 중간 휴게소 같은 곳이다. 지금 나보다 앞선 친구들도 뒤에 있는 친구들도 있지만, 그들과 비교할 필요 없이 나는 언젠가 목적지에 꼭 다다를 것이다. 나의 옹졸한 마음으로, 승진한 친구에게 축하 인사를 전하지 못했…… 않았는데, 마음 바뀌기 전에 연락해야겠다.

"친구야, 진심으로 축하한다. 그리고 우리 다음 신호에서 만나자!"

모두가 같은 속도로 달릴 필요는 없어

'High Risk' or 'No Risk'

몇 년 새 비트코인 열풍이 불며 높은 위험부담을 안고 영혼과 재산을 끌어모아 비트코인에 배팅한 일명 '야수의 심장'을 가진 이들이 화제가 되었다. 물론 소수 성공사례만 SNS상에서 회자가 되는 것이겠지만, 그야말로 있는 저금, 없는 대출 다 끌어모아 비트코인에 배팅한 몇몇 사람들이 그 투자금의 100배, 아니 1,000배의 이윤을 내면서 많은 이들의 관심을 받게 된 것이다.

내 친한 지인의 친한 지인(모르는 사람)도 1년 만에 100억이라는 게임 머니 같은 수익을 내고, 40대 초반에 은퇴 준비를 한다는 얘기를 들었다. (실례가 안 된다면 아이스크림 하나만 사달라고 하고 싶다.)

이런 사례에 대한 부러움도 있는 반면, 비트코인에 열광하는 사람들을 비판하는 시각도 있다. 코인은 투자가 아닌 투기이며, 인생을 운에 맡기는 도박과 같다는 것이다. 이 말에 대해 나도 일부 동의한다. 주식이 특정 기업의 미래가치와 시기별 산업군의 이슈, 기업의 대응 전략 등에 따라 분석되는 것과 달리, 비트코인은 그 실체 및 활용처에 대한 명확한 기준이 조금 더 확립되어야 하지 않을까 생각되기 때문이다. 하지만 비트코인에 과감한 투자를 하고 위험부담을 진다는 것만으로 그들을 비판하는 것은 잘 이해되지 않는다.

솔직히 말해, 쉽게 벌기 어려운 큰돈을 나보다 더 짧은 시간에 '내가 생각하는 노력' 없이 번 것에 대한 부러움과 시기가 섞여있을 것 같다.

생각해 보면, 꼭 투자가 아니더라도 우리 삶에서 위험부담을 감내해야 할 때가 종종 있다. 누군가에게 고백할 때 거절당할 수 있다는 위험부담을 이겨내지 못한다면 관계의 발전은 영영 없을 것이다. 또 해외여행 역시 언어의 장벽, 소매치기, 환경의 차이 등 다양한 위험부담을 안고 도전하는 것이다. 그것이 그럴만한 가치가 있다고 스스로 판단했으니까 말이다.

때문에 안정성 대신 투자금 로스에 대한 위험부담을 안고 비트코인에 도전한 사람들을 단순히 도박꾼이나 내일이 없는 정신 나간 사람으로만 치부해 버리는 것은 잘못된 생각이다. 물론 대책 없이 빚을 지거나 전 재산을 바쳐 감당할 수 없이 배팅하는 사람은 제외하고, 본인이 책임질 수 있는 선 내에서 과감하게 투자하는 사람들에 관한 이야기다.

나 역시 주변의 추천에도 불구하고 스스로 기준이 확립되지 않았기에 비트코인을 하고 있지 않다. 하지만 'High Risk, High Return'이라는 등가교환과 같은 기본적 원리에는 전적으로 동의한다. 높이 뛸수록 착지할 때 발이 아픈 것은 당연하고 높이 뛸수록 더 멀리 볼 수 있는 것도 당연하다. 바닥에 편하게 앉아 옆에 뛰는 사람들보고 시끄럽다고 깎아내려 봤자, "나도 더 멀리 보고 싶다"고 입으로 백날 말해 봤자 보이는 풍경은 바뀔 리 없다.

내가 믿고 있는 삶의 방법이나 방향과는 다르다고 그들을 비난하기보다는 이렇게도 뛰어보고, 저렇게도 뛰어보는 사람들을 보며 "꼭 제자리에 묵묵히 앉아있는 것만이 방법은 아니구나!" "살짝 뛰어 더 좋은 앉을 자리를 찾아볼 수도 있겠구나!"와 같이 생각의 관점을 넓혀 보는 것도 좋을 것이다.

물론 요즘의 나처럼, 더 멀리 보는 것보다는 그냥 자리에 앉아 책이나 읽고 디저트나 먹는 게 더 행복하다고 느끼는 사람들도 있을 것이다. 그렇다면 눈치 볼 것 없이 지금까지처럼 하면 된다. 그러다 뛸 생각이 들면 또 열심히 뛰면 되는 것이다.

'High Risk, High Return'이 진리인 것처럼 'No Risk, High Comfort'도 진리니까 말이다.

꼰대의 기준

"윙~치킨, 윙~치킨……."

언제나처럼 시작된 아침, 나름 활기찬 기분으로 일찍 출근해 10시로 예정된 보고용 프린트물을 뽑고 있을 때였다. 9시에서 딱 1분을 넘겨 출근하는 후배를 보고 장난기가 발동한 나는 농담 한마디를 던졌다.

"이~야, 1분씩이나 늦어? 분급 깎는다?"

그러자 후배도 지지 않고 "아, 죄송합니다. 170원 급여팀에 반납할까요?"라고 맞장구를 쳤다.

그 말에 같이 웃던 것도 잠시, 문득 '혹시 이것도 꼰대짓이었나?' 하는 불안감이 스쳤다. 아니, 아니다. 나를 잘 모르는 사람이라면 '저거 꼰대 아니야?'라고 생각할 수도 있겠지만, 나는 입사 후부터 지금까지 기라성 같은 꼰대 선배, 상사님들께 시달리며 남부럽지 않은 고통사고들을 수백 건 겪은 베테랑이다.

'나는 절대 나중에 저런 꼰대가 되지 않으리라!' 수없이 다짐해왔고, 다른 내 나이 또래와 비교했을 때 젊은 유머 감각과 자타가 공인하는 센스를 지녔다. 사내 '칭찬합시다' 코너에서 다회 수상할 정도로 공인된 친화력만 봐도 내가 꼰대가 아니라는 것을 알 수 있다.

하지만 아무리 내가 아니라고 해봤자, 꼰대의 기준은 꼰대짓을 하는 사람보다 그 사람의 행동을 꼰대짓으로 받아들이는 상대방이 판단하는 게 맞을 것이다.

예를 들어, "오전 9시 출근이면 8시 40분까지는 와서 준비해야지!"라는 말을 보자. 워라벨보다 내 자신의 평판과 성장이 중요한 사람에게는 도움이 되는 말일 수 있지만, 그렇지 않은 사람에게는 '그럼 20분치 월급은 더 줄 건가?' 하는 생각이 드는 꼰대 소리일 뿐이다. 또 후배들이 궁금해하고 필요로 하는 이야기를 해 주는 것은 선배로서의 역할이 될 수 있지만, 내가 먼저 '후배들은 이런 걸 궁금해하겠지?' '나 때의 경험을 얘기해주면 좋겠지?'라고 추측해 상대방이 듣게 만드는 것은 오지랖에 꼰대짓이 될 수 있다는 것이다.

아침의 짧은 농담 따먹기에서 이런 깨달음을 얻다니, 이런 사람이 꼰대일 리가 없지. 지금도 아니지만 앞으로 더 꼰대가 되지 않도록, 후배들에게 깨인 선배로 보이도록 스스로를 잘 점검해야겠다고 다짐했다.

마침 오전의 그 후배가 눈에 띄길래 이 값진 깨달음을 빨리 전파하고자 불렀다.

"야, 너 꼰대의 기준이 뭔지 알아? 상대방이 궁

금해하지 않고 필요로 하지 않는 내용을 굳~이 설명하고 설득하려 하는 게 꼰대란다."

"저 지금 말씀하신 거, 안 궁금하고 필요 없는데요?"

그렇다. 나도 꼰대였다…….

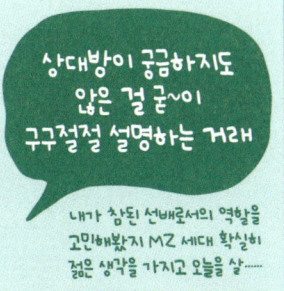

나도 꼰대다

백발의 키다리 아저씨

20살 무렵, 내가 처음으로 했던 아르바이트는 호프집 서빙이었다. 집에서 가깝기도 했고 시급도 세서 별 고민 없이 지원했었는데, 그때 깨달았다. 세상만사 '주는 만큼 시킨다'는 것을.

처음에는 인상 좋아 보이는 사장님과 야외석 손님들의 웃음소리가 뉘엿뉘엿 지던 붉은 노을과 어우러져 왠지 모를 낭만도 느꼈다. 하지만 퇴근시간 이후 본격적으로 손님들이 몰려들면서 아까의 붉은 노을은 핏빛 전쟁의 서막이었음을 알게 되었다.

"어이! 파전에 파 심으러 갔냐? 언제 나와?!"
"과자 좀 팍팍 담아~ 그거 얼마나 한다고! 그

냥 통째로 갖고 와!"

"노가리 반은 잘게 찢어주시고, 500cc 두 잔에 소주 한 병, 잔은 네 개 주세요. 계란말이에 케첩은 따로요."

15여 개의 테이블이 만석인 상태에서 사방팔방에서 쏟아내는 주문과 컴플레인, 그리고 담배 심부름까지, 마치 〈라이언 일병 구하기〉의 전장 속 포화 세례와 같이 나의 혼을 쏙 빼놓는 것들이 넘쳐났다. 첫날은 그야말로 눈물만 안 흘렸다 뿐이지, 이미 내 눈두덩이는 피로감에 퉁퉁 부었다. 천만다행인 건 인간이 적응의 동물인지라 한 달 정도 지나고 나니 제법 홀 응대에 익숙해졌다는 것이다. 손님이 빠지는 타이밍에는 빠르게 테이블들을 치우고 멍하니 휴식을 갖는 여유까지 생겼다.

하지만 매일같이 쨍그랑 소리로 시작되는 취객들의 다양한 서프라이즈 레퍼토리와 도무지 익숙해지지 않는 몇 손님들의 하대하는 듯한 반말과 태도에 나는 점점 지쳐가고 있었다. 그러던 어느 날이었다. 여느 때와 다름없이 뇌를 비운 채 무표정으로 테이블을 치우고 있는데, 백발이 썩 잘 어울리는 50대 정도 되어 보이는 한 손님이 내게 말을 걸어왔다.

"학생, 혹시 몇 살 정도 됐어요?"

나는 "왜 그러세요?"라고 되물으려다가 이곳에서 흔히 듣기 어려운 정중한 존댓말에 "20살인데요"라고 대답했다. 백발 손님은 내가 어린 나이에 땀 흘리며 열심히 하는 모습이 대견하다며, 갑자기 내게 시원한 맥주 한 잔을 대접하고 싶다고 사장님께 허락을 구하셨다. 사장님은 마침 손님들이 빠진 시간이기도 하고, 손님의 예의 있는 태도가 마음에 드셨는지 나만 좋으면 오늘 아르바이트를 일찍 끝내도 좋다고 배려해 주셨다.

나는 마침 다리도 아팠던 터라 얼떨결에 백발 손님과 겸상을 하게 되었고, 이런 저런 얘기를 나누기 시작했다. 그분은 내 대학 전공이 광고라는 말을 듣고는 깜짝 놀라더니 환하게 웃으며 본인을 소개

하셨다.

"저는 제일기획이라는 광고대행사의 임원으로 근무하고 있어요."

나는 순간 '이게 혹시 드라마에서 보던 신데렐라 스토리?'인가 싶었다. 혹시 내가 면접을 가면 저분이 "어? 자네는 그때? 합격!!!"을 외치는 건 아닐까 하는 얼토당토않은 상상의 나래를 펼치기 시작했다. 하지만 넷플릭스 드라마 같은 기대도 잠시, 그분은 회사를 그만두고 더 늙기 전에 세계 여행을 다니려 한다는 얘기를 하셨다.

어린 마음에는 저렇게 좋은 기업을 과감히 그만두고 여행을 떠난다니, 굉장히 멋지다는 생각을 했던 것 같다. 백발 손님은 내가 학업과 아르바이트를 병행하면서 겪는 어려움에 대해 한참을 묻고 경청하더니 갑자기 테이블 위에 10만 원짜리 수표 한 장을 턱 꺼내 놓았다.

"이 돈은 내가 학생한테 팁 겸 의뢰비로 주는 거예요."

평소 담배 심부름을 하고 가끔씩 잔돈 1~2천 원을 받은 적은 있지만, 10만 원이라는 큰돈은 처음이라 나는 적지 않게 당황했다. 백발 손님은 진지한 목소리로, 앞으로 내가 여기서 일하면서 스스로의 관점과 태도를 바꿔볼 것을 의뢰한다며 말을 이어갔다. 모든 단어가 기억나진 않지만 대략 이런 내용이었다.

- 특이한 손님들, 진상 손님들도 잘 관찰해 보면서 그들 나름의 스토리를 상상해 볼 수 있다. 광고를 하는 사람으로서 이렇게 재미있고 영감 받을 곳이 많은 일터도 잘 없을 것이다.
- 각 테이블마다 손님들의 대화에 어떤 공통된 주제들이 있는지 들어봐라. 그 대화들이야말로 광고대행사의 어떤 트렌드 분석 리포트보다 더 생생할 것이다.
- 같은 공간에서 같은 시간을 보내더라도 다른 것을 보고,

듣고, 느낄 수 있는 사람이 좋은 광고인으로 성장할 수 있다.

어찌 보면 흔한 꼰대들의 가르침처럼 느낄 수도 있었겠지만, 피곤하게 일한 후 들이킨 맥주 때문인지 백발 손님의 포스 때문인지, 나는 그 모든 얘기에 격하게 공감하며 마치 심봉사가 눈을 뜬 것처럼 세상이 달라 보이는 기분을 느꼈다.

특히나 내가 꿈꾸는 광고인이 해주는 이야기라서 더 와 닿는 부분도 있었을 것이다. 마지막 당부를 마치며 아저씨는 10만 원짜리 수표를 내 손에 꼭 쥐어줬고, 꼭 열심히 해서 좋은 광고인이 되라는 말을 남기고 떠나셨다. 그날 밤은 성장판이 닫힌 후 오랜만에 하늘을 나는 꿈을 꾸었다. 물론 그날 느꼈던 깊은 깨달음의 감동은 다음 날 쏟아지는 주문량에 치여 점점 희미해져 버렸지만, 아저씨의 조언처럼 나는 똑같은 공간에서 같은 일을 하면서도 다른 관점으로 생각하려 노력했다. 적어도 10만 원 의뢰비 값은 제대로 할 요량이었다.

진상 손님이라고 불렀던 몇 손님들과 너스레를 떨며 대화의 재미를 알게 된 시점도, 귀동냥으로 들은 대화로 세상 돌아가는 것에 관심을 갖게 된 것도 그때부터였다.

　　그 백발 손님의 기대와는 다르게 나는 제일기획에 입사하진 않았다. 하지만 내가 10년이 넘는 시간을 마케터로 일하면서 여전히 즐거움을 느끼는 사람으로 성장한 것에는 그 손님의 10만 원짜리 수표가 큰 역할을 했다고 믿어 의심치 않는다. 아마도 어딘가를 여행 중이실 백발 손님이 이 책을 읽게 된다면, 꼭 이 말을 전하고 싶다.

　　"그때 20살짜리 학생에게 주셨던 10만 원과 소중한 조언은 제 안에서 1억짜리의 가치관으로 잘 자랐습니다. 앞으로 10억, 100억짜리 생각을 펼칠 마케터로 성장하며, 아저씨가 하셨듯 저 역시 누군가에게 꼭 도움을 주겠습니다. 키는 크지 않으셨지만 제 마음속 키다리 아저씨, 감사합니다."

NO. 4

고통사고 대처 보고서

작성자: 물깽

사고발생일	Everyday
사고발생지	Everywhere

· 행복은 매일 발행되는 5%, 10% 할인 쿠폰과 같다.

· 행복을 인증하느라 행복한 순간을 놓쳐선 안 된다.

· 겸손하되 비굴하지 말고 당당하게 살자.

· 내 몸에 맞는 옷처럼 내 몸에 맞는 환경을 찾아보자.

· 인생은 속도 경주가 아닌 풍경을 즐기는 여행이다.

· 인생에서 조금 느리거나 빠른 것은 생각보다 큰 차이가 없다.

· 다른 선택을 하는 이들을 비난하기보다는 배울 점을 찾아보자.

· 우린 누구나 상대적 꼰대일 수 있다.

· 행복은 다른 사람의 입이 아닌 내 주머니에서 꺼내는 것이다.

가끔은 적절한 브레이크도 필요한 법

쉴까, 말까 할 땐

'살까, 말까? 고민될 땐 사라!'라는 말이 있다. 물론 장사의 왕들이 만든 고도의 상업 문구일 수도 있지만, 그렇게 고민하느라 낭비되는 시간 역시 금전적 가치로 환산될 수 있고, 차라리 빨리 사서 남들보다 먼저 행복감을 맛보는 것이 남는 거라는 얘기일 것이다.

    사회생활을 하다 보면 '살까, 말까?'보다 더 고민되는 것이 있는데 바로 '쉴까, 말까?'이다. '살까, 말까?'는 본인 혼자만 마음먹으면 되지만 '쉴까, 말까?'는 본인뿐 아니라 상사, 동료들의 눈치까지 봐야 하기 때문이다.

가끔은 적절한 브레이크도 필요한 법

'내가 쉬면 팀장이 평가를 안 좋게 주진 않을까?' '내 일이 다른 동료에게 가서 날 원망하진 않을까?' '바쁜 와중에 책임감 없다고 욕을 먹지는 않을까?' 이런저런 고민으로 눈치만 보고 있을 많은 분들에게 욕먹을 각오하고 한 말씀 드립니다.

"죄송하지만, 우리가 그 정도의 핵심 인물은 아닐 겁니다!"

나 역시 눈치를 보며 차일피일 휴가 일정을 미룬 적이 있지만, 막상 휴가철 끝물에 몰아서 다녀와 보면 회사는 나 없이 너무나 잘 돌아가고 있었다. 마치 내가 고용된 적도 없었던 것처럼.

동료들 역시 잠깐은 업무량이 늘 수 있겠지만, 본인도 언젠가는 똑같이 휴가를 가야 하기 때문에 어차피 나에게 인수인계 해줘야 할 때가 있다. 결국 쌤쌤이라는 거다.

내가 휴가지에서 사 온 과자는 맛있게 먹었으면서, 자기는 휴가도 못 갔다고 눈치 주는 팀장은?

내가 가지 말라고 한 적은 없으니 그냥 한 귀로 흘려주자.

　'살까, 말까?' 할 때 사지 않는다면 돈이라도 아끼지만, '쉴까, 말까?' 할 때 쉬지 않는다면 병원비로 돈이 더 든다. 그러니 눈치가 조금 보이더라도 내 몸이, 내 머리가 "주인님, 우리 이제 쉬어야 하지 않아?"라는 신호를 보낼 때 '고민' 대신 "고!!"를 외쳐보는 건 어떨까? 돈으로 무엇이든 살 수 있다지만, 건강만큼은 못 산다니까!
　그리고 솔직히 내가 며칠 쉰다고 회사가 안 돌아갈 정도의 유능한 인재였으면, 진작 연봉 더 많이 주는 회사에서 스카웃…… (읍읍).

가끔은 적절한 브레이크도 필요한 법

쉽지 않더라도 내 인생이 더 중요하니까…… 쉬자!

가장 부질없는 것

인생을 살면서 체득한 진리 중 자신 있게 "확실하다!"고 얘기할 수 있는 것 중 하나가 바로 '모두에게 사랑받을 수는 없다'는 것이다. 세상을 감싸 안은 성녀 마더 테레사조차 특정인들에게 종교 영업이라며 비난을 받은 적이 있고, 전형적인 착함의 극치 디즈니 애니메이션의 주인공들조차 마녀나 언니들에게 독 사과와 구박을 받곤 했다. 참으로 샤바샤바 알샤바 같은 현실이다. 그런 선한 이들도 적이 있는데, 하물며 기분 좋을 때는 친절하고 배고프면 까칠해지는 나 같은 일반인은 오죽할까? 당연히 모두에게 사랑받는 것은 불가능한 목표일 것이다.

가끔은 적절한 브레이크도 필요한 법

하지만 나도 처음 사회생활을 시작하던 때에는 모두에게 사랑받을 것이라 기대했었다. 어려서부터 부모님의 애정을 듬뿍 받으며 특별한 문제없이 바르게 자랐고, 비슷한 성향의 친구들과 어울리며 존중과 배려 속에서 성장했기 때문이다.

하지만 그것이 불가능하다는 것을 깨닫는 데는 오래 걸리지 않았다. 군대에서 처음으로 전혀 납득할 수 없는 이유로 괴롭힘과 상하관계를 강요받았고, 취업 후에는 조직의 일원이라는 이유로 사생활의 선까지 침범당하고 자존감 자체를 공격받는 경험도 하게 되었다.

이해하기 어려웠다. 분명 내가 아는 나는 선하고 바르고 똑똑한 사람인데, 왜 저 사람들은 나를 쓸모없고 멍청하다고 하는 걸까? 그리고 왜 동등하게 사람 대 사람으로 대화하려고 하면 버릇없고 건방지다고 매도할까?

이전까지는 나의 선의가 선의로 돌아오는 것이 당연했기에 그렇지 못한 부분에 대해서는 내게 문제나 잘못이 있는 탓으로 여겼다. 그래서 처음엔 나를 무시하고 공격하는 그들에게 인정받기 위해 더 아득바득 열심히 했고, 날 미워하는 마음을 돌리기 위해 아부도 떨며 호의를 베풀기도 했다.

하지만, 늦었지만, 다행히도, 이제야 도달한 결론은 그런 고통사고 유발자들의 기괴한 기준에 나를 구기고 접어 꿰맞추려 애쓸 시간에 나를 아껴주고 사랑해주는 사람들을 위해 1초라도 더 시간과 노력을 집중해야 한다는 것이다.

물론 누군가 나를 미워하도록 두는 것이 마음 편할 리는 없다. 하지만 내가 그들의 마음을 돌리기 위해 1년, 3년, 5년, 10년을 노력해 보니 그저 그렇게 1년, 3년, 5년, 10년을 똑같이 이용당하고 무시당할 뿐이었다. 사람은 쉽게 바뀌지 않았다.

분명한 것은, 내가 특별히 모나거나 악의적으로 살아온 사람이 아니라면 필요 이상으로 나를 미워하고 폄하하는 그들의 심성이 삐뚤어졌을 확률이 훨씬 더 높다는 것이다.

가끔은 적절한 브레이크도 필요한 법

내가 존중하는 다수의 의견에 따라 내 스스로를 성찰해 보는 것은 좋다. 하지만 그 다수에 속하지 않는 몇몇 이들의 지적질에 맞춰, 문제의 원인을 내 안에서 찾으려 해서는 절대 안 된다.

그들은 당신이라서 미워하고 괴롭히는 것이 아니라, 하필 미워할 대상이 필요할 때 당신이 거기 있었을 뿐이다. 그러니 오늘부터라도 헛된 인정을, 사랑을 갈구하느라 인생을 낭비하지 말자. 부질없는 짓이다.

개성 만점 일곱 난쟁이가 있는데 굳이 마녀랑 친해져서 좋을 게 무엇이며, 왕자님과 예쁜 유리구두가 있는데 계모와 언니들에게 사랑받을 필요가 있을까. 우리가 사랑하는 사람들에게만 사랑받기에도 인생의 러닝타임은 짧으니까.

가끔은 적절한 브레이크도 필요한 법

오늘은 분리수거하는 날

매주 목요일은 분리수거하는 날이다. 한 주 동안 내 몸에 차곡차곡 쌓인 지방층만큼이나 불어난 각종 배달 용기들을 분리배출 해야 한다.

"양도 얼마 안 되는데 다음 주에 할까?" "방금 들어왔는데 또 나가게? 밖에 춥잖아"라며 누군가 나를 설득해 주면 좋겠지만, 내 마음의 소리 외엔 아무도 미루자는 얘기를 하지 않았다.

"에이, 몰라!"

피곤을 핑계로 마음의 소리에 설득당한 나는 분리수거 봉투들을 대충 오므려서 베란다 쪽에 놔

두었다. 며칠 후 거실 소파에 앉아 TV를 보고 있는데, 갑자기 눈앞에 검은 점이 보이기 시작했다.

'시야에 검은 점 같은 게 보이면 백내장이라 했던가? 녹내장?'

갑작스레 걱정이 많아진 내 귓가에 "나야, 나!"라고 외치는 듯한 날파리 한 마리가 "왱~!" 하며 소리를 냈다.

집에서 날파리가 나온 것은 처음이라 당황하며 주변을 둘러보니, 지난주 던져 놓은 봉투 주위에 악취와 함께 여러 마리가 편대비행을 하고 있었다.

분리수거한 용기 중에 제대로 씻기지 않은 게 있던 것이다. 나는 기겁을 하며 살충제를 들고 와 봉투 안에 한 통을 다 때려 썼다. 그리고는 봉투를 테이프로 서너 번 밀봉해 그 즉시 아파트 공동 쓰레기통에 버리고 왔다.

집으로 돌아와 생존한 날파리들을 하나하나

힘들게 잡아내고 탈취제를 뿌리고 나서야 집은 겨우 예전과 같이 쾌적해졌다.

제때 버리지 않으면 생기는 악취와 날파리들처럼 제때 떨쳐내지 못함으로써 더 큰 어려움을 만드는 것들이 있다. 바로 과거에 대한 후회와 미래에 대한 걱정이다.

'그때 내가 ○○만 했더라면······.'
'혹시 만약에라도 □□하면 어쩌지?······.'

우리는 이미 바꿀 수 없는 과거를 후회하느라 충분히 바꿀 수 있는 현재와 미래까지 함께 망치곤 한다. 또한 일어나지도 않을 미래에 대한 걱정을 하느라 현재의 가능성을 자기 스스로 제한하고 새로운 도전을 꺼리게 된다. 때문에 과거에 대한 후회나 미래에 대한 걱정은, 분리수거하듯 빨리 분류하고 제때 버리는 것이 중요하다.

후회 분리수거 방법

- '같은 실수를 반복하지 않기 위한 교훈'과 '빨리 잊어버려야 할 부정적 기억'으로 나눈다.
- 재활용할 수 있는 기억이 있다면 깨끗하게 씻어서 교훈으로 바꿔주면 좋다.
- 교훈은 간직하고 부정적인 기억은 바로 버린다.

걱정 분리수거 방법

- '내가 컨트롤 할 수 있는 부분'과 '내가 컨트롤 할 수 없는 부분'으로 나눈다.
- 걱정의 90%는 일어나지도 않을 일이며, 우리의 힘으로 바꿀 수 있는 부분도 아닌 만큼 나머지 10%에 대한 걱정만 잘 분류한다.
- 10% 중 내가 걱정하고 대비하여 능동적으로 더 나은 결과를 만들 수 있는 부분만 신경 쓰고 나머진 버린다.

만약 상기의 분리수거 작업을 제때 하지 못한 채 마음속에 온갖 후회와 걱정들을 쌓아 두기만 한다면, 마치 날파리가 꼬이듯 우리의 현재에도 악취

가끔은 적절한 브레이크도 필요한 법

를 풍기며 미래까지 오염시키게 될 것이다.

우유를 쏟았다면 빨리 휴지로 닦아 냄새나지 않게 하면 그만이다. 우유를 쏟기 전부터 혹여나 쏟을까봐 걱정할 필요도 없고, 쏟은 우유만 바라보며 후회하다가 프라이팬 위에 토스트까지 태울 필요는 없다는 얘기이다.

만약 마음속에 제때 버리지 못한 후회, 걱정의 봉투가 있다면 오늘, 바로 지금을 분리수거 날로 정해보자. 막상 봉투를 들어 올려 보면 당신이 걱정했던 것보다 훨씬 더 가벼울 것이고, 한 번 버리면 다시 쓰레기통을 뒤지지 않는 한 우리의 생각과 마음은 훨씬 깨끗하고 건강해질 테니 말이다.

후회나 걱정은 제때 분리수거하고 현재에 충실해!

가끔은 적절한 브레이크도 필요한 법

추진력을 얻기 위함

우리나라는 이상할 정도로 '휴식'과 '나태'를 동일시하는 경향이 있다. "잠은 죽어서 충분히 잘 수 있다"는 말을 시작으로, "남들이 걸을 때 나는 뛰어야 한다"고까지 하질 않나. 결코 자는 꼴, 쉬는 꼴을 못 보는 민족이 아닐까 싶다.

아이들에게도 열심히, 최선을 다해야 한다는 것은 가르치지만 '좌절하지 않고 포기하는 법'이나 '다음을 위해 힘을 아껴두는 법' 등은 잘 가르치지 않는다. 물론 우리나라가 단기간에 괄목할 만한 경제성장을 이뤄온 만큼 마라톤보다는 100m 경주와 같이 전력을 다해 달리는 것을 정답이라고 생각하는 경향은 이해가 된다. 그런 시대를 살아온 우리

부모님 세대들의 노력 역시 진심으로 존경한다. 하지만 시대는 변했다. 모두가 달려가는 방향으로 선착순 달리기를 하며 경쟁하는 것이 아니라, 본인이 바라보고 싶은 방향으로 성실하게 걸어가면서도 행복과 성취를 이룰 수 있는 시대가 온 것이다.

아이들의 희망 직업으로 각광받는 유튜버는 말할 것도 없고, 자기 집에서 운동을 가르치는 일, 맛있는 디저트를 만들어 SNS에 업로드하는 일, 좋아하는 게임으로 프로가 되는 일 등 할 수 있는 일의 종류는 과거와 비교할 수 없을 정도로 늘었다. 대기업 취직이나 '사'자 들어가는 직업만이 성공이 아니라, 본인의 관심사에 몰입하며 행복해질 수 있는 기회들이 무수히 생겨난 것이다.

덕분에 우리는 다른 이들과 한 방향으로 숨차게 달려야만 하는 것이 아니라 본인만의 속도로 페이스를 조절하며 때론 걷기도 하고, 잠시 누워 쉬어갈 수도 있는 새로운 시대를 살고 있다.

만화가 김성모 씨의 유명한 온라인 밈 중에 이런 대사가 있다.

가끔은 적절한 브레이크도 필요한 법

"내가 무릎을 꿇었던 것은 추진력을 얻기 위함이었다!"

모든 걸 포기한 것처럼 보였던 무릎 꿇은 인물이 상대에게 용수철처럼 튀어나가는 공격을 하며 외친 말이다. 얼핏 우스갯소리처럼 들리지만, 이 얼마나 세상의 이치를 명확하게 꿰뚫는 대사인가. 다리를 굽히지 않고 더 멀리 뛸 수 있는 사람은 없을 것이다.

만약 지금까지 사회의 기준에 맞춰 열심히 달리기만 하면서 "계속 뛰어! 뒤처지기 싫으면 쉬면 안 돼!"라고 스스로를 재촉하고 닦달했다면, 오늘은 잠깐 멈춰 서서 한숨 쉬어가도록 하자. 그리고 맑아진 머리로 생각해 보자. 과연 내가 지금껏 뛰고 있던 이 길이 내가 정말 원하던 길인지. 쉼 없이 열심히 하는 것보다 중요한 것은, 조금 늦더라도 정말 이 길이 내가 행복하게 오래갈 수 있는 길인지 충분히 생각하고 판단하는 것이다. 그에 대한 확신을 어느 정도라도 가질 수 있다면, 그때부터 남들과의 경쟁은 그다지 중요치 않아질 것이다. 비로소 우리는 그때부터, 우리의 인생을 걷기 시작한 것이니까 말이다.

"우리가 잠깐 멈추는 것은 더 큰 행복을 얻기 위함이다!"

가끔은 적절한 브레이크도 필요한 법

빨강 머리 맨

"으악! 대박!"
"뭐야? 왜?"

식당에 같이 앉아 있던 친구 녀석의 호들갑에 오히려 내가 더 놀랄 지경이었다.

"야! 너 흰머리 언제 이렇게 많이 났어? 알고 있어?"

요즘 들어 앞머리 쪽에 새치 몇 가닥이 보여 족집게로 뽑곤 했지만, 크게 신경 쓸 정도는 아니라고 생각하고 있던 터였다.

"나도 알아. 보이면 좀 뽑아주라. 개당 100원 줄게."

친구는 잠시 머뭇거리다가 "돈 많은가 봐?"라며 내 정수리 사진을 찍어 보여주었고, 적게 잡아도 50가닥은 넘어 보이는 흰 머리 들판에 나는 잠시 사고 기능이 정지되었다. 조지 클루니 같은 멋진 백발까지 기대한 건 아니었지만, 일본 만화 속 갓파 머리처럼 정수리에 동그란 흰머리 들판이라니……. 생각지도 못했던 노화를 순식간에 체감하니, 어마어마한 위기감이 밀려왔다. 식당을 나온 순간부터 모든 사람들이 내 정수리만 쳐다보며 비웃는 것만 같았다.

그날부터 나는 수시로 염색약을 구입해 진한 검은색으로 염색을 하기 시작했다. 그런데 평소 무슨 생각을 하길래 머리가 그리 빨리 자라는지, 염색을 해도 2주 뒤면 뿌리부터 흰머리가 보이기 시작했다. 약이 잘 안 먹혔다 싶은 부분에는 주중에도 수

시로 염색을 했더니, 두 달 동안 염색약을 바른 횟수가 15번은 되는 것 같았다. 그야말로 병적으로 흰머리 염색에 집착을 했던 것이다. 머릿결은 계속 상하고, 돈은 돈대로 들고, 흰머리는 자꾸 느는 것만 같고. 나이가 들수록 내 몸뚱이는 점점 쓸모없어지고, 인생의 즐거움마저 끝나가는 것 같은 기분이었다.

쌓여만 가는 스트레스에 흰머리마저 다 빠질 지경이었던 어느 날, 거실 소파에 같이 기대 있던 아내가 내 머리를 보고 호들갑을 떨었다.

"으악! 대박!"

데자뷔 같은 레퍼토리에 "왜?" 하며 자포자기의 심정으로 이유를 물었더니, "오빠, 빨간 머리 난다!"라는 예상치 못한 답변이 돌아왔다. 흰머리에 이어 빨간 머리라니. 내가 대체 뭘 그렇게 잘못했나 싶었다. 나이가 든다는 건 행복의 종말이 분명했다. 아내는 심히 구겨진 내 표정을 보더니 이상한 이야기를 진지하게 하기 시작했다.

"오빠, 빨간 머리가 난다는 건 빨강 머리 앤의 피가 흐르고 있다는 거야. 앞으로는 어떤 고난과 역경이 와도 오빠는 그 순간을 긍정적이고 행복하게 넘길 수 있을 거야!"

빨강 머리 앤이 아니라 빨강 머리 맨이냐며 크게 한번 웃고 넘어갔지만, 문득 어렸을 때 보았던 빨강 머리 앤의 모습이 떠올랐다. 주근깨 빼빼 마른 빨강 머리의 소유자 앤은 전형적인 미인으로 그려지진 않았지만, 그 누구보다 자존감이 높고 당당했던 것으로 기억한다. 남의 기준에 맞춰 눈치 보며 살기보다는 자신만의 신념을 갖고 하루하루에서 소중한 행복을 찾을 줄 아는 아이였다.

나도 어렸을 때는 지금처럼 남의 시선을 신경 쓰지도 않았고, 어떤 일이든 더 긍정적으로 생각하려 했던 밝은 아이였다는 게 떠올랐다.

가끔은 적절한 브레이크도 필요한 법

생각해 보니 그랬다. 여름에 덥다고 짜증을 낸다 해서 가을이 빨리 오지는 않고, 비 온다 화를 내더라도 갑자기 해가 쨍하니 뜨지는 않는다. 신체의 변화 역시 '벤자민 버튼'처럼 되돌릴 수 없는 것이다. 흰 머리 역시 자연스럽게 나이 들어 가는 것인데, 이렇게 매일 열 올리고 스트레스 받는다고 해서 달라질 것은 없었다.

그날을 마지막으로 염색을 병적으로 자주 하는 일은 그만두었다. 걱정과 달리 내 흰머리가 조금 보인다고 해서 이상한 눈초리를 보내는 사람은 없었고, 나 역시 왜 그렇게 집착했는지 모를 정도로 지금은 스트레스 없이 편안한 나날을 보내고 있다. 결국 모두에게 자연스러운 것을 나만 부자연스럽게 대응하고 있었던 것이다.

나이가 들면서 예전 같지 않은 것은 더 많아질 것이다. 몸은 점점 생각처럼 기민하게 움직여주지 않을 것이고 얼굴도 탄력을 잃고 주름살도 계속 늘어날 것이다. 하지만 내 마음은 빨강 머리 앤과 같이 더 긍정적으로 성장할 것이라 기대한다. 이런 모든 변화의 자연스러움을 받아들이면서 나이 든 하루하루에서도 좀 더 성숙한 행복들을 발견할 수 있도록.

흰머리, 빨간 머리, 또 어떤 변화들이 생길지 벌써부터 기대가 된다. 빨강 머리 앤이 이야기했던 것처럼.

"생각대로 되지 않는다는 건 정말 멋지네요! 생각지도 못했던 일이 일어나는 걸요?"

가끔은 적절한 브레이크도 필요한 법

변화의 자연스러움을 받아들이자

뭣이 중헌디

사회 초년시절 내 카톡 프로필에는 허세 가득한 사진과 함께 프리드리히 니체의 "나를 죽이지 못하는 고통은 나를 더욱 강하게 만든다"는 명언이 쓰여있었다. 하지만 고통도 하루 이틀이지, 더 이상 강해지고 싶지 않으니 포기하고 쉬고 싶다는 생각을 한 적이 있었다.

나름의 책임감으로 떠맡은 많은 업무량과 잦은 야근, 직장 내 네임드 빌런의 매일 같은 괴롭힘과 고통사고들로 나의 자존감은 깎일 대로 깎여 나갔다. 그리고 한번 무너져버린 마음의 건강은 직장생활 외의 친구들과의 관계, 연애 전선까지도 연쇄적으로 악영향을 끼치기 시작했다. 일련의 상황들이 겹치면서, 긍정적인 성격이던 나는 생전 처음 우울증 초기 증상을 겪게 되었다. 그야말로 대형 고통 사고였다. 약해질 대로 약해진 마음에 "기운 좀 내봐!" "다들 그렇게 살아"라는 위로는 오히려 나약한 나를 향한 질책으로 느꼈고, 앞서 얘기한 것 같이 위험한 상상을 하게 되었다.

'달려오는 저 차에 살짝만 치이면, 잠시라도 현실에서 도망갈 수 있을까?'
'크게 다치면 어쩌지? 그놈한테 복수가 되려나?'
'저기 차가 온다. 하나, 둘, 셋!'

……넷, 다섯……. 다행이도 실행할 정도의 깡은 없었고, 안도감과 속상함이 뒤섞인 한숨이 흘러나왔다. 그날 나는 초등학생 때 이후 처음으로 부모님 앞에서 펑펑 울었다. 힘들다는 얘기를 폭포수처럼 쏟아내는 다 큰 아들을 아버지는 꼭 안아주셨고, 집밥이라도 챙겨 주시겠다던 부모님의 조언대로 나는 회사 기숙사에서 나와 집으로 들어갔다.

예전엔 우울증으로 극단적 선택을 하는 유명인들을 보면 이해가 되지 않았다. 화려한 생활, 풍족한 부, 남들이 부러워하는 인지도를 가지고도 대체 왜 그런 선택을 하는지 궁금했다. "죽을 용기면 뭐라도 하겠다"라는 댓글에 어느 정도는 동의하기도 했다. 하지만 막상 겪어보니 우울증은 혼자서 치유할 수 있는 것이 아니었다. 감정의 종류인 '우울'이 이름에 들어가서 단지 감정의 기복 정도로 착각하기 쉽지만, 그야말로 우울증은 주변의 도움 없이 치유되기 힘든 '병'이라는 생각이 들었다.

부모님 덕분에 주변 환경을 아예 바꾸고 휴가도 내서 한동안 쉬면서 나는 다시 원래의 나로 돌아올 수 있었다. 그리고 깨달았다. 세상 어떤 업무나 책임감도 나 자신보다 중요한 것은 없으며, 주변에 나를 지지해주고 응원해주는 가족과 친구들이 있는 한, 나는 절대 완전히 망가지지 않을 거라는 믿음이 생겼다.

인생은 생각보다 길고 지금 이 순간의 고통은

가끔은 적절한 브레이크도 필요한 법

절대 영원하지 않다. 나를 그토록 괴롭혔던 직장의 네임드 빌런도, 그를 만족시키기를 포기하고 이치에 맞지 않는 말은 무시하기로 마음먹은 후부터는 그냥 성격 나쁜 동네 아저씨일 뿐이었다. 결국 마음가짐의 문제이고 애쓰지 않고 내려놓으면 해결될 일이 대부분이었다.

만약 독자 분들 중에도 한때의 나와 같이 혼자 애를 쓰며 지쳐가고 있는 이가 있다면, 잠시 멈춰 서보길 바란다. 내가 앞만 보고 달려가고 있던 그 목적지가 이 삶이라는 길 위에서 내가 누려야 할 기쁨, 함께할 소중한 인연, 그리고 나 자신보다 더 중요하고 가치 있는 것인지 잘 생각해 보고 판단하면 좋겠다.

"뭣이 중헌디!"

 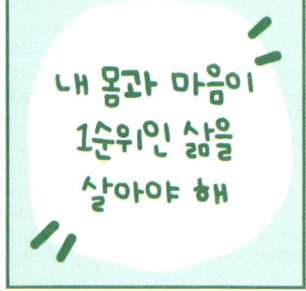

행복하자, 아프지 말고

가끔은 적절한 브레이크도 필요한 법

완벽한 무계획

나는 늘 여행을 가기 전 엑셀표로 빼곡하게 계획을 짜는 편이다. 사전준비가 철저해야만 최소한의 동선과 시간 안에서 더 많은 것을 즐길 수 있고, 예상치 못한 위험요소에 대한 대비도 미리 할 수 있다고 믿었기 때문이다. 그러다 보니 여행 전 준비 과정에 상당한 시간을 쓰고, 스트레스도 적잖게 받곤 한다. 또 이런 저런 경우의 수를 다 고려하여 철저하게 준비하다 보니 챙길 짐들 역시 많았다. 상비약만 하더라도 두통약, 멀미약, 설사약, 감기약, 소화제, 지사제, 화상약, 밴드 등등 조금 더 챙겼다간 개인 병원도 차릴 수 있을 정도였다.

하지만 정말 아이러니하게도, 내 인생에서 가

장 즐거웠던 여행 중 하나는 친구들과 즉흥적으로 떠났던 부산 여행이었다.

"내일 뭐하냐? 여행이나 갈래?"
"에이…… 진짜?"
"난 콜!"
"나도 콜!"

오랜만의 술자리에서 친구 세 명과 이런저런 얘기를 나누다가 갑작스럽게 한 친구가 여행을 가자고 제안했고, 철저한 계획파인 나는 처음에는 "노콜!"을 외치며 거절했다. 입을 옷도 챙겨야 하고, 맛집 리스트도 알아봐야 하고, 깨끗한 숙소도 찾아야 하고……. 아무런 준비 없이 떠났다가 괜히 시간만 낭비하면 차비만 아까울 게 뻔했기 때문이다. 하지만 친구들의 "안 가면 절교"라는 논리 정연한(?) 설득 끝에 어쩔 수 없이 정말 몸만 떠나게 되었고, 그 부산 여행은 내 인생에서 여행을 새롭게 정의해 준 계기가 되었다.

가끔은 적절한 브레이크도 필요한 법

부산에 도착한 우리는 무작정 택시를 타고 해운대로 출발했다. 택시 기사님께 부산의 명물 돼지국밥 맛집을 여쭈었는데, 기사님께서 "나는 돼지 국밥 별로 안 좋아해~ 더 맛있는 데 알려 줄까요?"라며 소고기 국밥집을 알려주셨다. 그 곳은 내가 태어나서 먹어본 소고기 국밥집 중에 가장 맛있는 곳이었다고 단언할 수 있다.

우리는 국밥을 배불리 먹고 해운대를 걷기 시작했다. 평소 같으면 바리바리 싸 들고 온 캐리어를 맡기느라 얼리 체크인이 되네 안 되네, 짐만 맡아줄 수 있네, 흥정을 했어야 할 텐데 그냥 몸뚱이만 왔으니 신경 쓸 게 없었다.

파라솔 하나를 빌려 남자 넷이 해변에 누웠는데, 내가 이렇게 오랜 시간 다음 일정 걱정 없이 쉬어본 적이 있었나 싶을 정도로 충만한 힐링의 시간이었다. 여유롭게 치는 파도와 발바닥에 닿는 모래, 그리고 선선한 바닷바람까지. 가을 바다를 온전히 만끽할 수 있었다.

갑자기 소나기가 내리는 바람에 몸값보다 비

싼 스마트폰을 지키느라 한 차례 난리를 피웠지만, 일기 예보를 보고 왔다면 나는 밖에 나오질 않았을 것이고, 해변에서 세찬 빗소리와 함께 뿌연 바다 연무를 바라보는 진기한 경험도 하지 못 했을 것이다. 결국 가장 준비 없이 빈손으로 출발한 여행이었지만, 가장 많은 추억들을 가지고 돌아올 수 있었던 여행으로 기억한다.

　인생을 종종 여행에 비유하곤 하는데 참 적절한 것 같다. 우리 인생도 내가 지금껏 여행을 준비했듯이 백날 준비만 하고 고민만 하다가 많은 기회를 놓치게 될지도 모른다.
　지금 쓰고 있는 이 책 역시 완벽하게 준비하지 못한 상황에서 시작했다. 회사 생활과 병행하느라 3년은 더 늙어 보일 정도로 많은 어려움이 있었지만, '인생 역전' 폴더에 차곡차곡 쌓여가는 원고를 찬찬히 읽어보니 과거의 부산 여행처럼 '일단 한번 해보자!' 결심한 나를 두 번 세 번 칭찬해 주고 싶다.

가끔은 적절한 브레이크도 필요한 법

조금 부족하고 즉흥적이더라도, 더 많은 곳으로 발걸음을 떼고 더 많은 시도를 해 보는 것. 그것이 인생이라는 여행을 더 제대로 즐길 수 있는 방법이 아닐까 싶다. 계획표를 꽉 채워 떠난 여행에서 얻는 즐거움도 있지만, 막상 무작정 떠나 보니 진짜 필요한 건 어떻게든 준비할 수 있었고, 또 완벽하게 짜진 계획 속에서는 만나지 못했을 새로움과 놀라움도 가득했다.

조금 더 가벼운 몸과 마음으로 더 많이 시작하고 서서히 완성해가자.
여행도, 우리의 인생도.

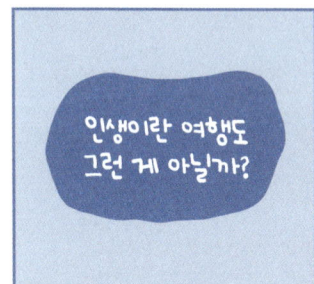 

새롭고 놀라운 내일이 될 거야

가끔은 적절한 브레이크도 필요한 법

세잎클로버와 네잎클로버

어릴 시절 나의 일상루틴 중 하나는 '네잎클로버 찾기'였다. 네잎클로버만 있으면 행운이 꼭 찾아올 것이라는 맹목적인 믿음으로 하굣길마다 풀밭을 눈이 빠져라 뒤지곤 했다. 나처럼 네잎클로버에 열광하는 친구들도 여럿 함께했는데, 그러한 노력에도 네잎클로버는 쉬이 눈에 띄지 않았다. '이건가?' 싶었는데, 잎이 하나 갈라진 세잎클로버인 경우도 부지기수였다.

그래도 끈기 있게 열중하다 보면 진짜 네잎클로버를 찾기도 했다. 그럴 때면 친구들의 부러워하는 시선을 즐기며, 심마니가 산삼이라도 캔 것처럼 환호성을 지르곤 했다.

과연 그렇게 어렵게 찾은 몇 개의 네잎클로버가 내게 행운을 가져다 주었을까? 초등학교 앞 대형 엿 뽑기의 수많은 '꽝'들을 떠올려 보면 딱히 그런 것도 아니었다.

어느덧 고사리 같던 손은 훌쩍 커졌고, 나는 풀밭을 함부로 밟지 않는 어른이 되었다. 그렇게 별다른 행운 없이 평범한 직장생활을 하던 중 클로버에 관한 새로운 이야기를 책에서 읽게 됐다.

네잎클로버의 꽃말은 행운이지만, 세잎클로버의 꽃말은 행복이라는 것. 행운만 쫓다가 행복을 놓치지 말아야 한다는 말이었다. 이 말대로라면 어린 시절의 나는 네잎클로버로 행운을 얻겠다며 수많은 행복의 세잎클로버들을 밟은 것이었다. 문득 미안한 마음이 들었다.

어렸을 때야 매 순간이 즐겁고 행복했으니 좀 더 특별한 네잎클로버 같은 행운을 찾는 게 당연했던 것 같고, 특별한 일 없이 건조한 요즘은 세잎클로버와 같은 행복을 찾는 게 더 현실성 있고 의미 있는 일이겠지. 그렇게 생각하고 말았다. 그런데 나이를 먹고 앞자리가 더 바뀌고 나서는 이 생각에도 조금 변화가 찾아왔다.

'네잎클로버든 세잎클로버든, 꼭 뭔가를 찾아야만 할까?'

돌아보면 허리를 굽히고 클로버를 찾아 헤매던 어린 시절의 나처럼, 어른이 된 후에도 나는 행운과 행복을 갈구하며 다른 이들에게 얼굴을 숙이고, 허리를 굽혔었다. 사회가 정의하는, 남들이 인정하는 세잎클로버, 네잎클로버를 얻기 위해 조바심을 내며 괴로워하기도 했다.

하지만 꼭 무언가를 찾고 가져야 행복할 수 있는 걸까? 그렇게 안달내지 않아도 충분히 즐거운 순간들을 누릴 수 있지 않았을까? 그냥 풀밭에 누워 몸을 이완하는 것, 시원하게 불어오는 바람을 느끼는 것, 하늘을 보고 움직이는 구름의 변화를 즐기는 것, 이 모든 것들이 이미 우리가 누릴 수 있는 행복이자 아무나 누릴 수 없는 행운이라는 생각이 들었다. 더욱이 건강한 신체와 사랑하는 가족이 함께라면 더 이상 바랄 것이 없었다.

    그렇게 굳이 찾지 않아도 내가 이미 가지고 있는 행운과 행복들을 곰곰이 떠올려 봤더니, 오늘 하루를 살아가기가 훨씬 나아졌다. 절로 입가에 웃음이 번진다. 나는 이미 세잎클로버와 네잎클로버가 가득한 밭에 누워있다.

가끔은 적절한 브레이크도 필요한 법

햇살이 이렇게 예쁜데

우리의 시간은 소중하니까

도로 위에서는 정말 별의별 진상들을 다 만날 수 있다. 깜빡이도 안 켜고 머리부터 콱 들이미는 차, 사람이 지나가는데 신호를 무시하고 쌩 달려가는 오토바이, 창밖으로 담배꽁초나 쓰레기를 냅다 던지는 인간 쓰레기, 거기다 최근에는 헬멧도 없이 경주마처럼 앞만 보고 달리는 '킥라니'들까지. 늘 새로운 에피소드로 선을 넘어오는 교통사고 유발자들이 많다. 초보운전 시절에는 그런 비상식적인 행동에 분노하여 하루 종일 곱씹으며 짜증을 내기도 했다.

분명히 상식과 규정이란 것이 있는데 아무렇지도 않게 이를 어기고 위험을 야기하는 것이 이해되지 않았다. 하지만 분노한다고 해서 상황이 나아지

가끔은 적절한 브레이크도 필요한 법

는 건 없었고, 막상 진상들과 조우하는 시간은 총 운전시간에 비해 얼마 되지 않는 것도 사실이었다. 그래서 이후로는 그 감정을 오래도록 유지하거나 집에 와서까지 분함을 되새기지는 않으려 노력했다.

우리 삶에서도 역시 도로 위와 같은 수많은 유형의 진상들, 즉 고통사고 유발자들을 만나게 되는데 음주운전 뺨치는 마이웨이 또라이부터 난폭 운전처럼 분노조절 장애가 있는 사람들, 얌체 운전 전문으로 남의 성과에 빨대만 꽂는 기회주의자들 등 나열하자면 끝도 없다.

우리는 그들 때문에 하루에도 몇 번씩 생활 속 고통사고의 피해자가 되고, 그 고통을 머릿속으로 몇 번이나 곱씹으며 하루를 힘겹게 견뎌낸다. 마치 초보운전 시절 내가 집에 와서까지 짜증과 분노에 끙끙댔던 것처럼 말이다.

하지만 생각을 조금 바꿔보면 어떨까? 하루에 도로 위에 있는 시간 중 진상 운전자들과 마주치는 시간이 몇 분 되지 않듯이 우리의 긴 인생을 봤을 때 저런 고통사고 유발자들과 함께하는 시간은 막상 그리 길지 않다. 100세까지 산다는 요즘 기준에, 내가 저놈들을 길게 봐 봤자 얼마나 볼 것인가.

더욱이 우리는 혼자 이 세상을 살고 있는 것이 아니라 소중한 사람들과 함께하고 있다. 마치 우리 옆자리와 뒷자리에 소중한 사람과 함께 차를 타고 여행을 하듯 말이다.

도로 위 마주친 진상 때문에 욕하고 괴로워하고 보복 운전에 내 귀중한 시간을 낭비한다면, 나와 함께 가고 있는 소중한 이들과의 추억과 행복의 기회도 잃게 되는 것이다. 그것만큼 미련한 것도 없다.

그렇기에 우리는 인생에서 스치듯 마주치는 고통사고 유발자들에게 차 안에서 시원하게 욕 한번 해주고 미련 없이 떠나보내도록 하자. 고통사고 유발자들과 함께하는 시간이 우리 생각보다 길지 않듯, 사랑하는 사람들과의 시간도 생각보다 더 짧을 수 있기 때문이다.

가끔은 적절한 브레이크도 필요한 법

"여러분, 부디 사랑한다는 말을 과거형으로 하지 마십시오."

한 TV 프로그램에서 가수 인순이 씨가 했던 말이다. 사랑하는 사람들에게만 쓰기에도 시간은 더없이 부족하다. 소중한 것에 더 집중하고 스쳐갈 것에 덜 집착하자.
우리의 시간은 소중하니까.

NO. 5

고통사고 대처 보고서

작성자: 물깽

사고발생일	Everyday
사고발생지	Everywhere

· 내 심적, 육체적 건강보다 중요한 '일'은 없다.

· 모두에게 사랑받을 순 없다. 나의 사람들에게 집중하자.

· 쓸데없는 후회와 걱정은 빠르게 버려야 썩지 않는다.

· 변화를 피할 수 없다면 받아들이고 즐기는 것이 현명하다.

· 앞만 보고 빨리 달리는 것보다, 누구와 함께, 어떤 길을 달릴지가 중요하다.

· 완벽한 계획 없이도 무작정 시작하고 보면 완성되는 즐거움이 있다.

· 이미 우리가 가진 행복을 깨닫는 게 중요하다.

· 소중한 것에 더 집중하고 스쳐갈 것에 덜 집착하자.

가끔은 적절한 브레이크도 필요한 법

엔딩크레딧

여기까지 함께 내비게이션을 찍고 달려와 주신 모든 분께 감사드립니다. 이제는 잘 아시겠지만 '선 넘는 것'은 고통사고 유발자들의 습관이 맞으며, 똥인지 된장인지 찍어 먹어볼 필요 없듯 그들과 엮일 필요 없습니다. 그들과의 접점에서 생기는 고통이 어느 정도는 나의 맷집으로 바뀌기도 하지만, 마음의 강인함은 독서로 키우시고 몸의 강인함은 헬스장에서 키우십시오. 고통은 고통이고, 욕은 욕이며, 스트레스는 스트레스일 뿐입니다.

우리가 살면서 더 많이 생각하고 고민해야 할

부분은 우리 스스로 지켜야 할 '내면의 선'이라고 생각합니다. 외부에서 나의 선을 넘는 사람들은 의도적으로 피해 볼 수 있어도, 내 안의 걱정과 불안, 후회와 조바심이 나와 사랑하는 이들의 행복을 침범하지 않도록 '마음의 선'을 유지하기는 더 어렵기 마련이니까요.

저희도 많은 시행착오를 겪으며, 나 자신을 존중하고 사랑하기 위한 연습을 하고 있습니다. 중요한 것은 내가 성공할 때나 실패할 때의 모습 모두가 있는 그대로의 '나'라면 괜찮다는 것이고, 자신을 스스로 인정하고 믿어준다면 사회가 정한 실패가 아닌 내가 정한 행복이라는 선에 닿을 수 있다는 것입니다.
내가 나를 사랑하는 한, 나는 언제까지나 사랑받는 존재입니다.

부디 우리의 고통사고 야매 대처 노하우가 아무 잘못 없이 고통받는 이들과 마음씨 고운 당신께 도움이 되길 바라며.

서제학, 봄쏙 올림

P.S. 이렇게 또 인생 한 챕터에 책갈피를 꽂을 수 있도록 도움 주신 필름 출판사 능력자 분들, 에피소드 삽화마다 안정적인 연기력을 뽐내준 '물(어버릴)깽', 긴 시간 동안 저희에게 조언과 격려를 아끼지 않았던 가족과 친구들에게 깊은 감사를 전합니다.

선 넘는 거, 습관이시죠?
제멋대로 선을 넘나드는 사람들과 안전거리 지키는 법

초판 1쇄 발행 2022년 01월 25일
초판 2쇄 발행 2022년 02월 22일

지은이 봄쏙(신수지), 서제학
펴낸이 김기용 김상현

편집 전수현 김승민   **디자인** 이현진
마케팅 조광환 김정아 정지연   **콘텐츠홍보** 김지우 조아현 송유경

펴낸곳 필름(Feelm) 출판사
등록번호 제2019-000086호   **등록일자** 2016년 6월 13일
주소 서울시 영등포구 양평로30길 14, 세종앤까뮤스퀘어 907호
전화 070-8810-6304   **팩스** 070-7614-8226
이메일 office@feelmgroup.com

필름출판사 '우리의 이야기는 영화다'
우리는 작가의 문체와 색을 온전하게 담아낼 수 있는 방법을 고민하며 책을 펴내고 있습니다.
스쳐가는 일상을 기록하는 당신의 시선 그리고 시선 속 삶의 풍경을 책에 상영하고 싶습니다.
홈페이지 feelmgroup.com   **인스타그램** instagram.com/feelmbook

ⓒ 봄쏙·서제학, 2022

ISBN 979-11-88469-93-2 (03810)

- 이 책 내용의 일부 또는 전부를 재사용하려면 반드시 필름출판사의 동의를 얻어야 합니다.
- 책값은 뒤표지에 있습니다. 잘못 만들어진 책은 구입처에서 교환해 드립니다.